रसायन
की
रोचक बातें

रसायन की रोचक बातें

डी.डी. ओझा

प्रतिभा प्रतिष्ठान, नई दिल्ली

प्रकाशक : **प्रतिभा प्रतिष्ठान**

694–बी (निकट अजय मार्केट), चावड़ी बाजार, दिल्ली–110006

 / संस्करण : 2025 / मूल्य : दो सौ पचास रुपए

मुद्रक : यश प्रिंटोग्राफिक्स, नोएडा ISBN 978-93-83111-65-7

RASAYAN KI ROCHAK BAATEN

by Dr. D.D. Ojha ₹ 250.00

Published by **PRATIBHA PRATISHTHAN**

694-B (Near Ajay Market), Chawri Bazar, Delhi-110006

प्राक्कथन

मानव जीवन का कोई भी ऐसा पक्ष नहीं है जिसमें रसायन विज्ञान का अंश न हो। प्रात:काल से रात्रिपर्यंत हम रसायनज्ञों द्वारा निर्मित वस्तुओं का उपभोग करते हैं। रसायन विज्ञान ने मानव सभ्यता के विकास में अभूतपूर्व योगदान दिया है। अत: हम इससे उऋण नहीं हो सकते। वस्तुत: रसायनों का हमारे दैनिक जीवन से घनिष्ठ संबंध है। बीसवीं शताब्दी के युग में बिना रसायन विज्ञान के भौतिक जीवन की कल्पना भी नहीं की जा सकती है। उदाहरण के तौर पर, यह ज्ञानवर्धक पुस्तक जिस कागज पर मुद्रित हुई है, मुद्रण में प्रयुक्त स्याही तथा अन्य अभिक्रियाएँ भी रसायनजन्य हैं।

रसायनविदों ने अपने कठिन अन्वेषणों से ज्ञात किया है कि पदार्थ में कुछ मूल अवयव होते हैं, जिनमें साधारण रीति से कोई परिवर्तन नहीं किया जा सकता। इन्हें तत्त्व की संज्ञा दी गई है; यथा—प्रत्येक मनुष्य को जीवित रहने के लिए ऑक्सीजन की आवश्यकता पड़ती है; सिलिकॉन एवं ऑक्सीजन के संयुक्त रूप बालू से सभी परिचित हैं; बरतनों में सोना, चाँदी, ताँबा, लोहा एवं एलूमीनियम आदि रसायन-निर्मित हैं। इसी प्रकार सोडियम नमक का, कैल्शियम चूने का, पोटैशियम व मैग्नीशियम लाल दवा का, फॉस्फोरस हड्डी एवं पौध उर्वरक का, मैग्नीशियम आतिशबाजी का, गंधक चर्म-रोग निवारण का तथा कार्बन अपनी अनेकानेक उपयोगिताओं का स्रोत है।

रसायनविद् रसायन विज्ञान को पदार्थों के अंदर होनेवाला आणविक रूपांतरण मानते हैं। उनके अनुसार एक इंच की महीन रेखा में लगभग 5 करोड़ अणु होते हैं तथा जब श्वास ली जाती है तो 3×10^{21} अणु फेफड़े के अंदर जाते हैं। इसी प्रकार जब एक गिलास पानी पीया जाता है तो लगभग 1865×10^{21} अणु शरीर के अंदर प्रविष्ट होते हैं। वस्तुत: प्रकृति ने सभी प्राणियों के जीवनयापन के लिए भंडार सुलभ कराए हैं; परंतु रसायन विज्ञान में ऐसी क्षमता है कि उसने प्राकृतिक वस्तुओं के सदृश एवं समोपयोगी अनगिनत संश्लेषित वस्तुएँ भी मानव को प्रदान कर रखी

हैं। इसी कारण वर्तमान सदी इस विज्ञान की ऋणी है।

रसायनज्ञों ने इसी विज्ञान के सहारे पृथ्वी, पेड़-पौधों तथा खनिजों से आश्चर्यजनक वस्तुएँ प्राप्त की हैं तथा ओषधि, कृषि, अंतरिक्ष विज्ञान, खाद्य, विकिरण तथा विविध विज्ञानों के अनवरत उत्पादों का हम उपभोग कर रहे हैं।

औद्योगिक क्षेत्र में किसी भी पदार्थ को गलाने एवं परिष्करण में जितनी विधियाँ प्रयुक्त की जाती हैं वे सब रासायनिक प्रक्रम ही हैं। काँच, कागज, सिरेमिक्स, चमड़ा, शराब, कृत्रिम खाद्य, कृत्रिम वर्षा, स्याही, संश्लेषित वस्त्र, पेट्रोलियम, ओषधि, प्लास्टिक, विस्फोटक पदार्थों के निर्माण इत्यादि, शायद ही कोई ऐसा उद्योग होगा जिसमें रसायन विज्ञान की उपादेयता न हो।

रसायन विज्ञान अपना वैशिष्ट्य भी रखता है, इसलिए कई लोग इसे सोना बनानेवाला विज्ञान (किम=सोना) तो कई रसशास्त्र (आयुर्वेद) एवं गलाने या मिलानेवाला विज्ञान कहते हैं। पूर्व में इसे कीमियागिरी के रूप में भी जाना जाता था। इस विज्ञान की रोचकता तथा विचित्रता भी है, क्योंकि यह हमारे सामने विभिन्न तथ्यों के रहस्य उजागर करता है; यथा—समुद्र की लवणीयता, पेय पदार्थों से होनेवाली बीमारियाँ, सिगरेट की घातकता, सौंदर्य प्रसाधनों के दुष्परिणाम, बिना मिट्टी से कृषि, गिरगिट का रंग परिवर्तन, चींटी के मार्ग का रहस्य, फूलों का विरंजन, जुगनू की चमक, कृत्रिम वर्षा, चश्मे के विभिन्न रंग, बालों एवं कूड़े-करकट से भोजन, रासायनिक बगीचा, आँसू की संरचना, खाद्य पदार्थों का परिरक्षण, वृद्धावस्था की झुर्रियाँ, जल की विषाणुता आदि, जो अपने आप में अद्‌भुत हैं। वस्तुत: यही एक ऐसा विज्ञान है जिसके भीतर झाँकने से विभिन्न रंगों की दुनिया दिखती है तथा उनको जानने हेतु मन भी ललचाता है।

यह आभास किया जा चुका है कि कोई भी साहित्य जब तक रोचक एवं सरल भाषा में नहीं लिखा जाता तब तक वह हृदयंगम नहीं हो पाता। इसी कारण गद्य की अपेक्षा पद्य अधिक लोकप्रिय है। विज्ञान के विषय में तो यह नितांत आवश्यक है कि रोचकता के माध्यम से उसके गूढ़ रहस्यों की जानकारी दी जाए। इसी उद्‌देश्य को ध्यान में रखकर मैंने 'रसायन की रोचक बातें' नामक पुस्तक के माध्यम से पाठकों को शताधिक महत्त्वपूर्ण तथ्यों के बारे में सरल भाषा में सचित्र जानकारी सुलभ कराने का प्रयास किया है। अत: यह आशा की जाती है कि यह पुस्तक जनसाधारण, विद्यार्थी वर्ग, अधिकारी वर्ग तथा शिक्षकों के लिए समान रूप से उपयोगी सिद्ध होगी। देश में वैज्ञानिक प्रवृत्ति (Scientific temps) लाने के लिए ऐसा आवश्यक है।

इस पुस्तक का सफल लेखन-कार्य पूज्यपाद आचार्य महामंडलेश्वर स्वामी श्री महेशानंद गिरिजी महाराज की सद्कृपा एवं आशीर्वाद से हुआ है। मैं प्रो. शिवगोपाल मिश्र, इलाहाबाद का बहुत कृतज्ञ हूँ; जिन्होंने इस पुस्तक के लेखन की प्रेरणा और मार्गदर्शन भी किया। प्रो. आर.के. मेहता, इंदौर; श्री पी.सी. जैन, मुख्य अभियंता भू-जल विभाग एवं श्री सुभाष गर्ग, निदेशक कृषि विभाग का भी मैं हार्दिक आभारी हूँ, जिन्होंने समय-समय पर मेरा उत्साहवर्धन किया। उन सभी कृतिकारों के प्रति, जिनकी कृतियों का यदा-कदा लेखन में उपयोग हुआ है, मैं हार्दिक आभार प्रकट करता हूँ।

—डॉ. डी.डी. ओझा

ब्रह्मपुरी, हजारी चबूतरा,
जोधपुर-342001

क्रम

मेहँदी के रंग में भी रसायन

मेहँदी की पत्तियों में एक विशेष प्रकार का रंजक रसायन (Dye) होता है, जिसे लॉसोन कहते हैं। यह नेफ्थाक्विनोन वर्ग का एक रसायन होता है तथा इस रसायन के कारण ही हमारे हाथ मेहँदी से लाल हो जाते हैं।

हमारे हाथों पर जब मेहँदी लगाई जाती है तो हाथ की त्वचा पर विद्यमान प्रोटीन के धागों का जाल, जो कुछ विशेष प्रकार के अमीनो अम्लों से बना होता है, इस रंजक रसायन से अभिक्रिया करके लाल रंग का एक जटिल यौगिक बनाता है, जिसके कारण हमारे मेहँदी लगे अंग लाल हो जाते हैं तथा यह कई दिनों तक रक्तावस्था में रहते हैं।

जलती लकड़ी की चटखन भी रसायनों की देन

लकड़ी में सामान्यतया सैल्युलोज की गुत्थियाँ होती हैं जो ज्वलनशील तंतुओं की बनी होती हैं। इसके अतिरिक्त इन गुत्थियों के तंतुओं के बीच के छिद्रों में मोम तथा रेजिन होते हैं। लकड़ी को जलाने पर मोम तथा रेजिन बड़ी मात्रा में गैस उत्पन्न करते हैं। यह गैस छिद्रों से निकलती हुई इन तंतुओं को अलग-अलग करती

जाती है। गैसों के बाहर निकलने तथा तंतुओं के अलग होने की क्रिया से जो आवाज उत्पन्न होती है वह हमें चटखती हुई सुनाई देती है। इसके विपरीत विशुद्ध कार्बन, जैसे—कोयले, में ज्वलनशील हाइड्रोकार्बन की अनुपस्थिति से उसके जलने पर चटखने की आवाज नहीं आती है।

समुद्री जल में कितना लवण?

समुद्र के पानी में लवणीयता या नमकीनपन उसमें अधिक मात्रा में उपस्थित सोडियम क्लोराइड के कारण होता है। इसके साथ अन्य लवण भी घुले रहते हैं, जिनमें कुछ तो अत्यंत अल्प मात्रा में होते हैं। समुद्र के जल का रासायनिक विश्लेषण करने पर विदित होता है कि इसमें लगभग 80 प्रतिशत साधारण खानेवाला नमक ही होता है। अनेक प्रकार के नमक घुलकर आदिकाल से आज तक समुद्र में पहुँचते रहे हैं। यद्यपि समुद्री जल भाप बनकर लगातार उड़ता रहता है, फिर भी एक बार समुद्र में पहुँचा हुआ नमक समुद्र में ही रहता है क्योंकि भाप बनने की क्रिया में केवल पानी भाप बनता है, नमक नहीं।

वर्षा के मौसम में वर्षा के पानी के साथ पर्वतों से नमक तथा अन्य रसायन पानी में घुलकर नदियों से होते हुए अंततः समुद्र में मिल जाते हैं। समुद्र में सोडियम क्लोराइड का कुछ भाग चट्टानों की बर्फ पिघलने, चट्टानों के अपरदन एवं शेष भाग समुद्र की तली में विद्यमान चट्टान से आता है। मैग्नीशियम लवणों के कारण स्वाद में तीखापन आता है।

वैज्ञानिक भाषा में इसकी विद्युत् चालकता अर्थात् लवणों की संख्या लाख मिलिमोहज में होती है। इस पानी की विशेषता है कि सामान्य रूप से यह न केवल पीने वरन् सिंचाई में भी उपयुक्त नहीं होता है। यद्यपि समुद्र में अनेक प्रकार के लवण होते है, परंतु उनमें सात मुख्य प्रकार के होते हैं, जिनका प्रतिशत निम्नलिखित है।

इसी कारण से समुद्री जल लवणीय होता है।

लवण	कुल मात्रा (ग्राम) (100 ग्राम में)	प्रतिशत
(1) सोडियम क्लोराइड	27.213	77.8
(2) मैग्नीशियम क्लोराइड	3.807	10.9
(3) मैग्नीशियम सल्फेट	1.658	4.7
(4) कैल्शियम सल्फेट	1.260	3.6
(5) पोटैशियम सल्फेट	0.863	2.5
(6) कैल्शियम कार्बोनेट	0.123	0.3
(7) मैग्नीशियम ब्रोमाइड	0.76	0.2
	35.00	100%

साबुन का करतब

चिकनाई के कारण शरीर पर गंदगी के कण चिपक जाते हैं। यह गंदगी कपड़ों पर लग जाती है। इसके अतिरिक्त कपड़ों पर वायुमंडल से धूल के कण भी चिपक जाते हैं। इनसे भी कपड़े गंदे हो जाते हैं। गंदे कपड़े आसानी से साफ नहीं होते हैं। इस कारण कपड़ों की सफाई साबुन द्वारा अधिक पानी से की जाती है।

रासायनिक दृष्टि से साबुन में उच्च वसा अम्ल के सोडियम अथवा पोटैशियम लवण होते हैं। इसका रासायनिक सूत्र $C_{17}H_{35}COONa/K$ (सोडियम स्टियरेट) होता है तथा सुविधा के लिए RCOONa के रूप में व्यक्त किया जाता है। इसमें R हाइड्रोकार्बन शृंखला तथा COO^- कार्बोअक्सिलेट आयन होता है।

$RCOO^-$ आयन साबुन के वियोजन से प्राप्त होता है। $RCOO^-$ का हाइड्रोकार्बन (R) जल में अविलेय होता है, इस कारण जल से अलग रहता है। जल कार्बोअक्सिलेट (COO^-) आयन के साथ हाइड्रोजन बंध बनाता है, इस कारण साबुन जल में विलेय होता है। साबुन के कण जल में विशिष्ट आयोनिक मिसिल (कण) बनाते हैं।

चित्र में हाइड्रोकार्बन गोले के अंदर की ओर पूँछ जैसे दिखाए गए हैं। यह हिस्सा पानी से अलग रहता है। कपड़ों या शरीर की चिकनाई गंदगी सहित घुल जाती है। इस मिसिल के साथ इसका पायसीकरण हो जाता है। इस प्रकार मिसिल में गंदगीयुक्त चिकनाई के कारण तनाव उत्पन्न हो जाता है, फलतः मिसिल टूट जाती है। टूटी हुई मिसिल कपड़ों या शरीर से छूटकर पानी के साथ बह जाती है। इस प्रकार गंदे कपड़े साबुन से धुलकर साफ हो जाते हैं।

मानव-मूत्र से फास्फोरस

हैनिंग ब्रांड नामक एक जर्मन कीमियागर थे। वर्ष 1669 में वे सस्ते पदार्थों से सोना बनाने का प्रयत्न कर रहे थे। उन्होंने थोड़े-से मानव-मूत्र को रेत के साथ मिलाया तथा उसे एक भट्टी में गरम किया। गरम किए जाने के बाद इस मिश्रण को ठंडी भट्टी से निकाला गया तो ब्रांड ने देखा कि उनका मिश्रण चमकता है।

ब्रांड महोदय को सोना बनाने में तो सफलता नहीं मिली, परंतु उन्होंने एक मुलायम, सफेद तथा मोम जैसा पदार्थ प्राप्त कर लिया। डॉ. ब्रांड ने इस चमकीले पदार्थ का नाम फास्फोरस रखा। यूनानी भाषा में इसका अर्थ होता है, 'मैं प्रकाश का वाहक हूँ'। यह प्रकाश का वाहक नामक तत्त्व कई क्षेत्रों में उपयोगी है; यथा— दियासलाई बनाने में।

नाइट्रोसैलुलोज नामक विस्फोटक पदार्थ की खोज रसोईघर में

दुर्गंध भरे रसायनों के बीच निरंतर काम करते रहने की वैज्ञानिकों की प्रवृत्ति को सामान्यत: उनकी पत्नियाँ पसंद नहीं करतीं। इस बात पर उनमें अनबन भी हो जाती है। इस अनबन ने भी वैज्ञानिक आविष्कारों के लिए सुयोग उत्पन्न किए हैं। जर्मन वैज्ञानिक सी.एफ. शानबीन के साथ भी कुछ इसी प्रकार की घटना घटी।

उनकी पत्नी ने कोई भी रसायन लेकर रसोईघर में उनके प्रवेश पर पाबंदी लगा रखी थी। भाग्यवश उनकी कामचलाऊ प्रयोगशाला भी रसोईघर के निकट थी तथा मिश्रण गरम करने के लिए उन्हें कभी-कभी रसोईघर में जाना ही पड़ता था। यह काम वे अपनी पत्नी की अनुपस्थिति में ही करते थे। ऐसी ही स्थिति में एक बार जल्दबाजी में रसायन लेकर रसोईघर में जाते समय उस रसायन का कुछ भाग रसोईघर में एक तरफ टँगे उनकी पत्नी के गाउन पर गिर गया। शानबीन को पत्नी की नाराजगी का डर था।

अत: उन्होंने गाउन के गीलेपन को वहीं स्टोव पर सुखाने की कोशिश की। परंतु वे हैरान हो गए कि आग की गरमी पाकर गाउन का वह हिस्सा अलग होकर पूरी तरह नष्ट हो गया, जिस पर वह रसायन गिरा था। इस संयोग से प्राप्त अनुभव के आधार पर ही उस रसायन को विकसित करके नाइट्रोसैलुलोज (Nitrocellulose) नामक विस्फोटक तैयार किया।

मजेदार गोताखोर

पानी से भरे हुए गिलास में चम्मच-भर खाने का सोडा डालकर हिलाएँ तथा नैप्थलीन की 3-4 गोलियाँ छोड़कर देखें। क्या होता है ? वस्तुत: सिरके तथा सोडे की प्रतिक्रिया के फलस्वरूप कार्बन डाइऑक्साइड नामक गैस बनती है। इस गैस के बुलबुले तले में पड़ी हुई गोलियों की खुरदरी सतह से चिपककर उन्हें ऊपर उठा देते हैं।

सतह के पास आने पर कुछ बुलबुले फट जाते हैं तथा इनकी गैस वायुमंडल में मिल जाती है। इससे यह होता है कि इन गोलियों के भार को सँभालनेवाली गैस कम हो जाती है तथा गोलियाँ डूबने लगती हैं। जब ये तली में पहुँचती हैं तो धीरे-धीरे बुलबुले इन पर फिर से आकर जमने लगते हैं तथा एक स्थिति ऐसी आ जाती है जब गोलियों को फिर से उठाना प्रारंभ कर देते हैं। यह क्रिया तब तक चलती है जब तक कार्बन डाइऑक्साइड गैस के बुलबुले बनने बंद नहीं हो जाते। इस प्रकार ये नेप्थलीन की गोलियाँ एक कुशल गोताखोर की तरह अपना करतब दिखाती हैं। इसे देखने से कौतूहल होता है।

$$CH_3COOH + NaHCO_3 \rightarrow CH_3COONa + H_2O + CO_2\uparrow$$

चाय नहीं, प्याला-भर जहर

सुबह उनींदी आँखें खोलते ही गरम चाय या कॉफी का प्याला मिल जाए तो उसे पीने के थोड़ी देर बाद ताजगी महसूस होती है। इससे सुस्ती भी दूर हो जाती है तथा प्रसन्न मन से अपने कार्य में जुटा जा सकता है।

मनुष्य के शरीर में होनेवाले ऐसे परिवर्तनों के लिए जिम्मेदार है—कैफीन

नामक एल्केलायड। यह 160 से भी अधिक वनस्पतियों में पाया जाता है। मनुष्य हजारों वर्षों से इसका उपयोग करता आ रहा है। जो चॉकलेट, कोला या अन्य पेयों का उपयोग करते हैं, वे भी कैफीन ग्रहण करते हैं। आखिर, कैफीन की क्या विशेषता है?

हमारे मस्तिष्क में एडिनोजोन एक संदेशवाहक रसायन होता है। कैफीन तथा एडिनोजोन की रासायनिक संरचना में बहुत समानता है। जब निरंतर संदेश ग्रहण करते-करते एडिनोजोन के अणु उन कोशिकाओं में भर जाते हैं तो वे मानसिक-क्रियाओं को ठप्प कर देते हैं। कैफीन इन संदेशग्राहक कोशिकाओं में प्रवेश करके एडिनोजोन को निष्क्रिय बना देता है। इससे मस्तिष्क में उद्दीपन रसायन असंतुलित हो जाते हैं तथा मस्तिष्क की कोशिकाएँ कैफीन एवं एडिनोजोन को स्थान देने के लिए नई संदेशग्राहिकाएँ बनाने लगती हैं। अतः कैफीन न मिलने पर रिक्त कोशिकाओं में भी एडिनोजोन भर जाता है। कैफीन का निरंतर प्रयोग करनेवालों को जब बहुत देर तक चाय या कॉफी नहीं मिलती है तो उनमें सुस्ती, सिरदर्द तथा निद्रा के लक्षण प्रकट होने लगते हैं तथा इसकी पूर्ति होने पर ठीक हो जाते हैं।

कैफीन के लगातार प्रयोग से मस्तिष्क के संदेशवाहक के निष्क्रिय होने तथा चाय और कॉफी की लत पड़ने का खतरा बना रहता है। इसीलिए चाय या कॉफी का प्याला जहर का प्याला बन सकता है।

अंकुर में छिपी शक्ति पत्थर तोड़ सकती है

हम कई बार देखते हैं कि दीवार को तोड़कर अथवा सीमेंट के फर्श को तोड़कर भी पौधे बाहर निकल आते हैं तथा उनकी वृद्धि होती रहती है। ऐसा इसलिए होता है कि बीज के अंकुरण के फलस्वरूप मूलांकुर तथा प्रांकुर बनते हैं।

मूलांकुर और प्रांकुर के अग्र सिरों पर कुछ विशेष रसायन—ऑक्सिन तथा जिबरैलीन आदि भी पाए जाते हैं।

ये रसायन मूलांकुर तथा प्रांकुर की वृद्धि में सहायक होने के साथ मिट्टी आदि को घोलकर मूलांकुर तथा प्रांकुर के बढ़ने के लिए रास्ता भी बनाते हैं। प्राय: हम दीवारों या टूटे हुए फर्श पर जो पौधे उगते हुए देखते हैं, वे वास्तव में पहले से पड़ी दरार में अंकुरित होते हैं। फिर जैसे-जैसे वे बढ़ते हैं, उन्हें अधिक स्थान की आवश्यकता होती है। जिसके परिणामस्वरूप उनकी वृद्धि के दबाव से दरारें और बड़ी हो जाती हैं तथा जड़ों के गहराई में धँसने से फर्श या दीवारों में अन्य उन स्थानों पर भी दरारें पड़ जाती हैं, जहाँ से जड़ें गुजरती हैं। इन जड़ों में उत्पन्न हुए दबाव के कारण सीमेंट अथवा कंकरीट का फर्श भी टूट जाता है।

गिरगिट का रंग

प्रकृति ने भी जीवों को अपनी रक्षा करने हेतु अनोखी शक्ति प्रदान की है। कोई कीट-पतंग अपना रूप बदलकर, तो कोई रंग बदलकर अपने जीवन की रक्षा करते हैं।

गिरगिट भी ऐसा ही रेंगनेवाला जीव है, जो जिस स्थान पर बैठता है, उसी स्थान के रंग के अनुसार अपना रंग भी बदल लेता है; जिससे शत्रु इसको आसानी से न देख सके। इन प्राणियों की त्वचा में कुछ विशेष प्रकार की रंजक कोशिकाएँ अथवा मैलेनोफोर होती हैं जो ताप बढ़ने तथा घटने के साथ-साथ सिकुड़ती व फैलती हैं। ये कोशिकाएँ, इनके शरीर में स्रावित होनेवाले कुछ हारमोनों द्वारा उत्तेजित होकर रंग बदलती हैं। ये हारमोन इंटरमेडिन, एसीटिलकोलीन तथा एड्रीनेलिन हैं।

चमड़ी की ऊपरी सतह की कोशिकाएँ पीली, उसके नीचे गहरी भूरी तथा

काले रंग की और सबसे नीचे सफेद रंग की होती हैं। ताप कम होने से इनका रंग गहरा तथा ताप बढ़ने से रंग हलका होने लगता है। पेड़ों पर चढ़नेवाले या उनमें प्रवास करनेवाले सरीसृपों में रंग बदलने की प्रवृत्ति अधिक होती है।

अनोखा प्रकाशिक उत्प्रेरक

जापान के टोकियो इंस्टिट्यूट ऑफ टेक्नोलॉजी ने एक नए किस्म का प्रकाशिक उत्प्रेरक विकसित किया है जो सूर्य के प्रकाश की सहायता से पानी को हाइड्रोजन तथा ऑक्सीजन में अपघटित करता है।

यह उत्प्रेरक पोटैशियम नायोबेट का सम्मिश्रण है जिसमें लेड मिला होता है तथा परतदार संरचना होती है। उत्प्रेरक को पानी में डालने तथा दृश्य किरणों से किरणित करने पर रेडॉक्स (Redox) अभिक्रिया प्रारंभ होती है। इसमें इलेक्ट्रॉन परतों के बीच गति करने लगते हैं तथा इसके परिणामस्वरूप अलग-अलग परतों में हाइड्रोजन तथा ऑक्सीजन बनती है।

वैज्ञानिकों ने इस बात की भी पुष्टि की है कि पोटैशियम नायोबेट पानी को उस समय दक्षता से अपघटित करता है जब इसे पराबैंगनी किरणों से किरणित किया जाता है।

जल : अमृत या विष

जल की अनेकानेक उपयोगिताओं के कारण इसको अमृत माना गया है, क्योंकि जल के बिना हमारे जीवन की कोई भी क्रिया संभव नहीं है। कहावत भी है कि जल है तो जीवन है। परंतु वही जल कुछ रासायनिक यौगिकों के अत्यधिक सांद्रण एवं जीवाणुओं से संदूषित होने पर मृत्यु का कारण बन जाता है। चिकित्सा विशेषज्ञों के अनुसार हमारे शरीर की 80 प्रतिशत बीमारियाँ जल से होती हैं। इनमें यकृतशोथ, पोलियो, हैजा, मोतीझरा, पेचिश, अतिसार, अमीबी रुग्णता, जियार्डिया रुग्णता, गोलकृमि, कशाकृमि तथा सूत्रकृमि इत्यादि से उत्पन्न होनेवाले रोग आते हैं।

इसके अतिरिक्त कुछ रसायनों; यथा—आर्सेनिक, बेरियम, क्रोमियम, सीसा, पारा, सेलेनियम आदि, के अधिक सांद्रण से हृदय रोग, वृक्क एवं यकृत कैंसर जैसे भयंकर रोग हो जाते हैं। जल में नाइट्रेट तथा फ्लोराइड आयनों की अधिकता से

साइनोसीस, आमाशय कैंसर एवं फ्लोरोसीस (दंत एवं अस्थि) जैसी असाध्य बीमारियाँ हो जाती हैं तथा ऐसा जल उपभोक्ता के लिए विष का कार्य करता है।

अब शाकीय घोल का उपयोग साँप भगाने में

मरुस्थलीय प्रदेशों में, जहाँ सैनिक तथा मजदूर प्रायः तंबुओं में रहते हैं, साँपों के आतंक का सामना करना पड़ता है, क्योंकि ये उनके तंबुओं में घुस जाते हैं। इस समस्या के निदान के लिए पुणे की नाशीजीव नियंत्रक इकाई ने एक ऐसा शाकीय (Herbal) घोल विकसित किया है जो साँपों को भगाने में उपयोगी है। यह घोल पर्यावरण तथा जंतुओं को कोई हानि नहीं पहुँचाता है।

इस हर्बल घोल को प्याज, लहसुन, हींग तथा कॉपर सल्फेट के द्वारा तैयार किया गया है। जिस स्थान से साँपों को दूर रखना हो वहाँ यह घोल छिड़क दिया जाता है। अनुसंधानों द्वारा विदित हुआ है कि साँप की ज्ञानेंद्रिय उसके मुँह में होती है तथा किसी वस्तु को जानने के लिए वह उस वस्तु को अपनी जीभ द्वारा मुँह में लाता है। इस हर्बल घोल के संपर्क में आते ही उसे चिड़चिड़ाहट होने लगती है तथा वह उस स्थान से भाग जाता है।

राजस्थान के रेतीले क्षेत्रों में, जहाँ जहरीले साँप होते हैं, इस शाकीय घोल द्वारा साँपों को भगाने में सफलता प्राप्त हुई है।

फूलों का रंग गायब?

रसायन विज्ञान की यह विलक्षणता है कि वह उभयचारी की तरह कार्य करती है। कहीं पर रंगहीन से रंगदार पदार्थ बनाना तो कहीं रंगदार से रंगहीन बनाना। इसी तरह देखा गया है कि हरे, पीले, नीले फूलों की पँखुड़ियों को जब सल्फर डाइऑक्साइड तथा क्लोरीन से संपर्क करवाया जाता है तो ये गैसें फूलों का रंग उड़ा देती हैं।

इस गुण को विरंजन तथा इस क्रिया को विरंजन-क्रिया (Bleaching Action) कहते हैं।

$$\text{रंगदार पदार्थ} + Cl_2/SO_2 \xrightarrow[\text{क्रिया}]{\text{विरंजन}} \text{रंगहीन पदार्थ}$$

अनोखा कागज : लपेटिए तथा खाइए

इजरायल के हिब्रू विश्वविद्यालय के अनुसंधानकर्ताओं ने एक ऐसा विशेष प्रकार का कागज बनाया है जिसे खाद्य पदार्थों पर लपेटा भी जा सकता है तथा खाया भी जा सकता है। यह कागज हाइड्रोकोलायड पर आधारित है, जो पानी में घुलनशील एक बहुलक है। यह हाइड्रोकोलायड प्राकृतिक रूप से प्राप्त किए जा सकते हैं तथा संश्लेषित भी किए जा सकते हैं।

वैज्ञानिकों ने इन्हीं हाइड्रोकोलायडों को आधार बनाकर विशेष प्रकार के स्पंजी पदार्थ भी बनाए हैं, जिन्हें कम कैलोरीमानवाले कोलेस्टेरॉल रहित स्वादिष्ट भोज्य पदार्थ बनाने के लिए प्रयुक्त किया जा सकता है। हाइड्रोकोलायड पर आधारित खाद्योपयोगी कागज चिपकनेवाले टॉफी जैसे खाद्य पदार्थों को लपेटने के लिए तथा कृषि पदार्थों की पैकेजिंग के लिए भी उपयोग में लाए जा सकते हैं।

इजरायली वैज्ञानिक इन हाइड्रोकोलायडों का उपयोग बच्चों के पोतड़ों (डायापर) तथा महिलाओं द्वारा प्रयोग किए जानेवाले सेनेटरी नेपकिनों में भी करने लगे हैं।

फलों की अदृश्य गैस ही फलों को सड़ाती है

फलों की पेटी में एक सड़ा फल ही धीरे-धीरे सभी फलों को सड़ा देता है। कारण कि पके फलों में से 'इथिलीन गैस' (C_2H_4) निकलती है, जो फलों के पकने की क्रिया को तेज कर देती है। जैसे-जैसे इथिलीन गैस की मात्रा बढ़ती जाती है, वैसे-वैसे ही आसपास के फल भी अधिक पकने लगते हैं तथा सड़ने प्रारंभ हो जाते हैं।

शीले की भतीजी-क्लोरीन

शीले की भतीजी का जन्म वर्ष 1774 में हुआ था तथा माता-पिता का नाम मैंगनीज डाइऑक्साइड एवं हाइड्रोक्लोरिक अम्ल है। इसके आकर्षक हरे-पीले रंग के कारण इसके अंकल शीले ने इसका नाम क्लोरीन रखा तथा रासायनिक सूत्र Cl_2 दिया।

पंद्रह वर्ष की आयु में क्लोरीन का विवाह ड्राइसिलिकेट लाइम के साथ हुआ तथा उन्हें बहुत खुशी हुई जब उनके यहाँ एक नए पदार्थ ब्लीचिंग पाउडर ने जन्म लिया। इसने लोगों की सच्चे मन से सेवा कर अपने माता-पिता का नाम रोशन किया।

यह सूर्य के प्रकाश में बहुत चमकती है। लोग इसकी सुगंध तो पसंद करते हैं, परंतु ध्यान रहे इस सुगंध की अधिक मात्रा मौत की नींद भी सुला सकती है। यह एक जादूगरनी भी है। अत: नीले लिटमस को लाल रंग में बदल देती है, तारपीन के तेल में डूबे हुए छनना कागज को जला देती है एवं एंटीमनी पाउडर, तरल सोडियम तथा पोटैशियम धातु के साथ डटकर मुकाबला करती है।

यह स्वभाव से विषैली होती है तथा हवा से दो गुना भारी भी है। इसको

अपने भाई पानी से बहुत स्नेह है तथा दोनों मिलकर क्लोरीन-वाटर बनाते हैं। इसे गुस्सा भी आता है तथा उस समय यह सुंदर फूलों का रंग भी बिगाड़ देती है।

अवगुणों के अतिरिक्त इसमें बहुत से गुण भी विद्यमान हैं। यह गंदे पानी को साफ करती है, कीटाणुनाशक भी है तथा सोने जैसी धातु को साफ करती है। यह मरीजों के जख्मों को साफ करने में भी काम आती है तथा युद्ध में दुश्मनों का भी डटकर मुकाबला करती है। शीले की यह भतीजी क्लोरीन हमारी मित्र भी है तथा शत्रु भी।

खाइए एवं पहनिए भी कूड़ा-करकट

आधुनिक अन्वेषणों के फलस्वरूप विभिन्न प्रकार के कूड़े-करकट, व्यर्थ खाद्य-पदार्थों में बचे हुए फल-फूल एवं घास-पात आदि से भी विभिन्न स्वादिष्ट पोषक पेय, भोज्य पदार्थ, सुंदर-से-सुंदर कपड़े एवं आकर्षक पोशाकें बनने लगेंगी। इसके साथ ही कूड़े-करकट, रद्दी कागज आदि से उत्पन्न होनेवाली प्रदूषण समस्या का भी निदान स्वत: हो जाएगा।

रद्दी कागज के बारीक टुकड़े बनाकर, उच्च ताप पर पानी में उबालकर, उसकी लुगदी बनाई जाती है तथा इसमें कृत्रिम रासायनिक क्रिया (एसिड हाइड्रोलिसिस) द्वारा खमीर उठाया जाता है, तथा इस लुगदी से कागजी कचरे को बिलगाकर एक गाढ़ा मिश्रण प्राप्त किया जाता है जिसे पुन: रासायनिक क्रिया द्वारा निचोड़कर अलग कर लिया जाता है। इस क्रिया से प्राप्त इस गाढ़े निचोड़ को वैज्ञानिकों द्वारा 'पेपर-शुगर' नाम दिया गया है।

आनेवाले समय में इसी पेपर-शुगर से विभिन्न प्रकार के स्वादिष्ट एवं पोषक व्यंजन; जैसे—पेपर ब्रेड, पेपर बिस्कुट, पेपर चंक्स तथा पेपर जैली आदि, बनाए जा सकेंगे तथा ये सभी व्यंजन उस समय के हर स्टार एवं नॉन स्टार होटलों के विशिष्ट व्यंजन होंगे। हमारे देश में भी आम की गुठलियों तथा छिलकों से तेल निकाला जाता है।

हमारे देश की पटसन औद्योगिक-शालाओं ने कूड़े-करकट से कपड़े, साड़ियाँ इत्यादि बनाने की तकनीक विकसित कर ली है। इस प्रकार भविष्य में हम जो कपड़े पहनेंगे वे सभी पटसन के रेशों, केले के तने, अनन्नास के पत्ते एवं खेती के बचे-खुचे कचरों से ही निर्मित होंगे।

वृद्धावस्था में झुर्रियाँ : रसायन विज्ञान का विषय

वृद्धावस्था में चमड़ी पर झुर्रियों का पड़ना एक आम बात होती है। यह चमड़ी की ऊपरी सतह में परिवर्तन के कारण पड़ती हैं। हमारी चमड़ी में उपस्थित ऊतक कोलेजन तथा इलास्टिन प्रोटीन फाइबर के बने होते हैं। ये त्वचा में खिंचाव बनाए रखते हैं। समय बीतने के साथ यह प्रोटीन फाइबर कम होने से अव्यवस्थित हो जाते हैं, जिससे चमड़ी में खिंचाव कम हो जाता है। उम्र बढ़ने के साथ-साथ चमड़ी भी सूखने लगती है, जिससे त्वचा तथा चेहरे आदि पर झुर्रियाँ पड़ जाती हैं।

रक्तदाब को रोकनेवाला अनोखा नमक

यदि नमक का ज्यादा सेवन किया जाए तो यह रक्तचाप या दाब को बढ़ाएगा एवं कई बीमारियाँ उत्पन्न करेगा। मिट्टी में नमक अधिक होगा तो लवणीयता की समस्या उत्पन्न कर उत्पादन को कम करेगा तथा जल में अधिक लवण होने पर वह पीने, सिंचाई एवं अन्य विविध कार्यों के लिए उपयोगी नहीं रहेगा।

उच्च रक्तचाप से पीड़ित रोगियों से प्राय: डॉक्टर कहते हैं कि वे अधिक नमक नहीं खाएँ, तो रोगी हैरान हो जाते हैं। किंतु अब डरने की बात नहीं। सोवियत चिकित्साशास्त्रियों ने ऐसा नमक तैयार किया है जिसमें नैट्रियम बहुत-थोड़ी मात्रा में होता है। डॉक्टरों का मानना है कि नैट्रियम आवश्यकता से अधिक होने पर ही रक्तचाप एवं हृदयरोग उत्पन्न करता है। नमक यानी सोडियम क्लोराइड में सोडियम ही नैट्रियम (Na) है।

सोवियत संघ द्वारा निर्मित इस नमक में नैट्रियम के स्थान पर कैल्शियम तथा मैग्नीशियम मिलाया गया है, जो हृदय को मजबूत रखता है तथा स्वास्थ्यवर्धक भी

है। इस नमक की दो किस्में तैयार की गई हैं। एक में दो-तिहाई नैट्रियम तथा दूसरी किस्म में 60 प्रतिशत नैट्रियम कम कर दिया गया है।

जल एक : रूप अनेक

जल हमारे जीवन का आधार है तथा इसका स्वच्छ होना हमारे स्वास्थ्य के लिए आवश्यक है। पानी के रसायन विज्ञान पर जैसे-जैसे अधिक जानकारी प्राप्त हो रही है, वैसे-वैसे हमारी यह आम धारणा बदल रही है कि आम पानी हाइड्रोजन के दो तथा ऑक्सीजन के एक परमाणु से तैयार 18 परमाणु भार का एक रासायनिक यौगिक है। आधुनिक वैज्ञानिकों का मानना है कि पानी वस्तुतः H_2O का बहुलक है। पानी का क्रांतिक ताप 365° सेल्सियस है। उबलता पानी $(H_2O)_3$ तथा बर्फ $(H_2O)_4$ होती है। साधारण पानी इनका मिश्रण होता है।

सामान्यतया जल का असली रूप वर्षा-जल है। बाद में वह समुद्री-जल, नदी-जल, खनिज-जल तथा भू-जल जैसे नामों से पुकारा जाता है।

(1) वर्षा-जल—वर्षा-जल शुद्ध जल नहीं होता क्योंकि उसमें गैसें, लवण, कणिकामय पदार्थ, कार्बनिक पदार्थ, यहाँ तक कि जीवाणु भी मिले रहते हैं। वर्षा जल का संघटन इस प्रकार बतलाया गया है। (पी.पी.एम.) Na^+=1.98, K^+=0.30, Mg^{+2}=0.27, Ca^{+2}=0.09, Cl^-=3.79, SO_4^{-2}=0.58 तथा HCO_3^-=0.12 । वर्षा-जल का औसत पी.एच. मान 5.7 होता है।

(2) समुद्री-जल—समुद्री-जल में घुलित लवणों का प्रतिशत 3.5 होता है, इसका घनत्व 2.75 ग्राम/से.मी.^{3} है तथा इसमें 92 तत्त्व पाए गए हैं—जिनमें से ऑक्सीजन, सल्फर, क्लोरीन, सोडियम, मैग्नीशियम, कैल्शियम, पोटैशियम तथा कार्बन—इन आठ तत्त्वों का 99 प्रतिशत योगदान होता है।

(3) नदी तथा झील का जल—जल तथा शैलों की परस्पर क्रियाओं से नदियों तथा झीलों के जल का संघटन प्रभावित होता है। औद्योगिक कार्य-कलापों से वायुमंडल में मौजूद कार्बन डाइऑक्साइड, सल्फर डाइऑक्साइड तथा नाइट्रोजन के ऑक्साइड मिलते रहते हैं; जिससे जल के गुणों में परिवर्तन हो जाता है। नदी के जल में विलयित पदार्थों के अलावा निलंबित ठोस पदार्थ भी रहते हैं। इस समय नदियों द्वारा समुद्रों में प्रतिवर्ष 155×10^8 टन ठोस पदार्थ पहुँचते हैं। नदियों के जल में लवणों की मात्रा 0.012 प्रतिशत होती है।

(4) खनिज-जल—प्राकृतिक जल में विशेष प्रकार के घुलनशील पदार्थ

मिल जाने से उसमें विशेष स्वाद आ जाता है। ऐसे जल को खनिज जल (Mineral Water) कहते हैं। वस्तुतः पानी में घुले हुए खनिज पदार्थों के कारण इसका यह नाम रखा गया है तथा यह जल पेट के रोगों के निदान में काम आता है।

(5) भूमिगत जल—वर्षा का जल जब भूमि की परतों को बेधकर नीचे पहुँचता है तो उसमें अवशोषण के कारण निर्मलता आ जाती है। जल की गुणवत्ता तथा गहराई का विशिष्ट संबंध होता है।

(6) स्वच्छ जल—यह जल सभी प्रकार के संदूषणों से मुक्त होता है तथा उपयोगी है।

(7) प्रदूषित जल—घरों की गंदगी, मल-मूत्र, कूड़ा-करकट तथा औद्योगिक उत्पादों के मिलने के कारण जल दुर्गंधयुक्त, बदरंग तथा बुरे स्वादवाला हो जाता है तथा पीने व सिंचाई योग्य नहीं रह पाता।

(8) संदूषित-जल—वह जल जिसमें मानव या पशु अवशिष्टों के मिल जाने से रोगोत्पादकता उत्पन्न हो जाती है, जिससे जल अनुपयोगी हो जाता है।

जोंक द्वारा रक्त का चूसना

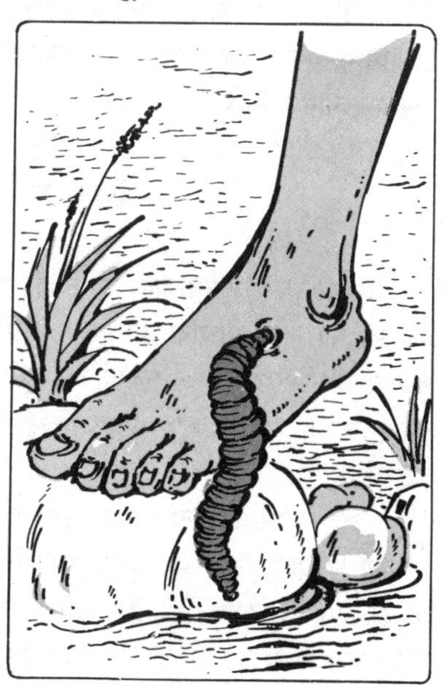

जोंक रक्त चूसने के लिए प्रसिद्ध परजीवी है। जब यह जानवर अपने मुख या बक्कल ग्रंथि से हिरुडीन नामक रासायनिक पदार्थ को स्रावित करता है तब फाइब्रिनोजीन, थ्रांबिन की क्रिया में बाधा डालकर रक्त को थक्का बनाने से रोकता है।

चूँकि हिरुडीन मूलतः थक्कारोधी पदार्थ है, अतः जब तक जोंक किसी प्राणी का रक्त चूसता है तब तक यह रक्त को जमने नहीं देता तथा खून बहता रहता है। जोंक के दूसरे प्राणी के शरीर से अलग होते ही रक्त के थक्के बनने की क्रिया आरंभ हो जाती है, जिससे खून बहना धीरे-धीरे बंद हो जाता है।

खेतों में नाइट्रोजन की खाद : नई विधि

फसलों की उपज बढ़ाने के लिए नाइट्रोजन खाद बहुतायत से प्रयोग में लाई जाती है। यह खाद बड़े-बड़े संयंत्रों में तैयार की जाती है। वहाँ उच्च ताप एवं दाब पर रासायनिक क्रिया से अमोनिया बनती है। इसके विपरीत मिट्टी में उपस्थित कुछ जीवाणु विशेष एंजाइमों की सहायता से सामान्य ताप-दाब पर हवा से नाइट्रोजन ग्रहण कर उसे अमोनिया में बदल देते हैं।

आजकल ब्रिटेन में हुए अनुसंधान परिणामों के आधार पर विद्युत् रासायनिक सेल तैयार किए गए हैं, जिनमें ग्रेफाइट या प्लैटिनम को एनोड तथा पारे को कैथोड के रूप में काम में लाया जाता है। धात्त्विक माध्यम को घोल में लटकाकर रखा जाता है तथा प्रोटीन डोसाइलिक अम्ल के रूप में दिया जाता है।

इस प्रक्रम द्वारा अपनी जरूरत की रासायनिक खाद लघु उद्योग के रूप में किसान स्वयं ही उत्पन्न कर सकते हैं। इसके लिए यह सुगम तरीका है कि जिस पानी से खेत में सिंचाई की जाती है, उसीमें सीधे अमोनिया मिला देने से नाइट्रोजन उर्वरक की पूर्ति सहज हो जाती है। विकासशील देशों में इस नए तरीके से सस्ते में अमोनिया उत्पन्न करके किसानों को रासायनिक खाद उपलब्ध कराने के लिए लघु उद्योग लगाए जा रहे हैं।

मेढक से ओषधियाँ

वैज्ञानिकों ने नवीनतम शोध परिणामों से पाया है कि मेढक की पीठ पर दवाओं का भारी खजाना होता है। अमेरिका के स्वास्थ्य संस्थान के जॉन डेली तथा उनके सहयोगियों ने मेढकों की एक रंगीन प्रजाति से 'इपीपेडोबेट्स' नामक दर्द निवारक ओषधि को अलग किया है। यह मार्फीन से दो सौ गुना अधिक दर्दनाशक है।

यह ओषधि एल्केलायड वर्ग का एक कार्बधात्त्विक पदार्थ है, जिसके निर्माण में क्लोरीन परमाणुयुक्त पिरीडीन वलय तथा नाइट्रोजन सेतुयुक्त कार्बन के छः परमाणु भाग लेते हैं। आस्ट्रेलियायी मेढकों की कुछ विशेष प्रजातियों की त्वचा से ऐसे रसायनों को प्राप्त किया गया है जिनका उपयोग प्रतिजैविक (एंटीबायोटिक) तथा विषाणु संक्रमण अवरोधी ओषधियों के निर्माण में किया

जा सकता है। एडीलेंड विश्वविद्यालय में कार्यरत रसायनज्ञ जॉन बोवी, डेविड स्टोन तथा माइकल टाइलर आदि वैज्ञानिकों ने इन मेढकों की त्वचा के स्रावों में से सेरिन 1:1 नामक घटक का अन्वेषण किया है। यह घटक फोड़ों तथा त्वचा की अनेक बीमारियों को समूल नष्ट करने तथा हरपीज सिंहनेक्स नामक विषाणु से लड़ने में मनुष्य की सहायता करता है। कुछ वर्ष पूर्व अन्य वैज्ञानिकों ने मनुष्य के रक्तचाप को नियंत्रित रखने में प्रयुक्त 'सेरुलीन' नामक रसायन को भी इन्हीं स्रावों से पृथक् किया था।

पीले फास्फोरस का जल आश्रय क्यों?

पीला फास्फोरस, जो सफेद फास्फोरस भी कहलाता है, पर्याप्त रूप से ज्वलनशील तथा तीव्र अभिकर्मक होता है। यह फास्फोरस नरम तथा मोम की भाँति मुलायम और प्रायः ठोस अवस्था में ही पाया जाता है। यह तत्त्व अन्य तत्त्वों से आसानी से संयोग करने की विशिष्टता भी रखता है।

चूँकि सामान्य तापमान पर यह हवा के संपर्क में आने से तुरंत ही जल जाता है, अतः इसे जल का आश्रय लेना बहुत आवश्यक होता है। इसी

कारण पीले फास्फोरस को पानी में डुबोकर रखा जाता है। त्वचा के संपर्क में आने से त्वचा भी इससे जल जाती है।

मच्छर भगाने की विचित्र युक्ति

इसमें एक टिन का ढक्कनदार डब्बा लेकर इसके ढक्कन में कई छेद कर दें। अब डब्बे में नौसादर व कास्टिक सोडा के टुकड़े डालकर ढक्कन बंद कर दें। अब इस उपकरण को कमरे में रखकर ढक्कन के छिद्रों में पानी डाल दें तथा कमरे के किवाड़ बंद कर दें। जब पानी छिद्रों से अंदर जाता है तो नौसादर व कास्टिक सोडा क्रिया करके अमोनिया गैस बनाते हैं। यह गैस छिद्रों में से निकलकर कमरे में फैल जाती है तथा इसके प्रभाव से मच्छर भाग जाते हैं।

आप ध्यान रखिएगा कि पानी डालने के तुरंत बाद आप कमरे में न रहें तथा इस क्रिया के तीन घंटे तक कमरे में न जाएँ तथा प्रयोग करते समय कमरे की खिड़की, दरवाजे भी बंद कर दें। इस युक्ति से काफी संख्या में मच्छरों का सफाया हो जाएगा।

$$NH_4Cl + NaOH \rightarrow NaCl + H_2O + NH_3\uparrow$$

कलूटे कोलतार से सैकरिन जैसी मीठी वस्तु

फालबर्ग नामक वैज्ञानिक कोलतार से प्राप्त 'टालुइन' नामक कार्बनिक यौगिक पर प्रयोग कर रहे थे। इस प्रयोग में उन्होंने अनेक रसायनों से प्रयोग किए। इस बीच भोजन का समय हो गया तथा उन्हें भी बुलाया गया। फालबर्ग ने पहले तो बुलावे को टालना चाहा, परंतु जब बार-बार बुलावा भेजा गया तो उन्हें प्रयोगशाला से उठना पड़ा। भोजन का काम शीघ्र निबटाकर पुनः अपने काम में लगने के उद्देश्य से वे तेजी से भोजन की ओर लपके। इस जल्दबाजी में वे अपने हाथ भी अच्छी तरह नहीं धो सके। जैसे ही उन्होंने भोजन शुरू किया तो वह काफी मीठा लगा। इसपर उन्हें आश्चर्य हुआ, क्योंकि भोजन में मीठी लगनेवाली कोई भी सामग्री नहीं थी।

उन्होंने फिर अपनी उँगलियों को जीभ से लगाया तब उन्हें आभास हुआ कि उँगलियाँ बहुत मीठी हैं। फालबर्ग तुरंत समझ गए कि यह किसी रसायन का असर है। सो, वे अपना भोजन बीच में ही छोड़कर वापस प्रयोगशाला चले गए तथा उन

रसायनों का स्वाद चखा, जिन्हें वे परीक्षण के काम में ले रहे थे। इस प्रकार संयोगवश सैकरिन का आविष्कार हुआ।

अंडा उबलने पर ठोस

अंडे में मुख्य पदार्थ जंतु प्रोटीन तथा वसा होते हैं। मुरगी के अंडे का तीन-चौथाई भाग पानी होता है, जिसमें एल्बुमिन प्रोटीन तथा वसा निलंबित होते हैं। अंडे के सफेद अंश यानी जर्दी में मुख्यत: प्रोटीन होते हैं, जबकि अंदर के पीले अंश यानी योक में मुख्यत: वसा होता है। अधिक ताप पर या रासायनिक पदार्थों से सभी प्रोटीन जम जाते हैं।

जमना एक ऐसी प्रक्रिया होती है जिसमें अणु एक-दूसरे के समीप आकर आपस में जुड़ जाते हैं, जिसके परिणामस्वरूप या तो प्रोटीन तरल पदार्थ से अलग हो जाते हैं या फिर पूरा तरल पदार्थ एक जैली के रूप में अथवा फिर ठोस बन्न जाता है। जब अंडे को उबाला जाता है तो अधिक ताप से प्रोटीन जमने लगते हैं, जिसके फलस्वरूप अंडा ठोस हो जाता है।

तिलहन होगा डीजल का विकल्प

आजकल यूरोप के कई भागों में 'रेप मिथाइल एस्टर' बहुत ही लोकप्रिय हो रहा है जो रेपसीड ऑयल तथा मिथाइल एल्कोहल के मिश्रण से तैयार किया गया है। रेप मिथाइल एस्टर (आर.एम.ई.) डीजल की तुलना में कुछ कीमती है, परंतु पर्यावरण की दृष्टि से लाभप्रद है। इसके जलने पर सल्फर डाइऑक्साइड उत्पन्न नहीं होती तथा कार्बन डाइऑक्साइड के कणों की मात्रा भी अपेक्षाकृत कम होती

है। एक टन तेल में 110 किलोग्राम मेथेनॉल मिलाया जाता है तथा प्रक्रिया के अंत में ग्लिसरीन नीचे बैठ जाती है। साफ पतले द्रव में रेप मिथाइल एस्टर को पृथक् कर लिया जाता है।

रेप मिथाइल एस्टर ऐसे वाहनों में, जो शहरों के केंद्रीय तथा घनी आबादीवाले क्षेत्रों में चलते हैं, बहुत ही उपयोगी सिद्ध हुआ है। जब यातायात ठहराव की स्थिति में होता है तब वाहनों का धुआँ स्थानीय वातावरण को बुरी तरह प्रदूषित करता है। ऐसे समय में इस ईंधन की उपादेयता अधिक श्रेयस्कर सिद्ध होती है।

न टूटनेवाला काँच

मिस्र के एक शिल्पी ने एक न टूटनेवाला काँच का प्याला बनाया तथा उसे सम्राट् ट्रिवेरियस को भेंट किया। सम्राट् देख भी नहीं पाए थे कि शिल्पी ने प्याला लेकर जमीन पर दे मारा। परंतु आश्चर्य! प्याला टूटा नहीं। वहाँ पर उपस्थित सभी लोग स्तंभित रह गए।

★

1903 में फ्रांसीसी रसायनज्ञ एडॉर्ड बेनेडिक्ट्स अपनी प्रयोगशाला में काम कर रहा था। उसने अपनी प्रयोगशाला की शैल्फ से बोतल उठाई। बोतल हाथ से छूटकर गिर गई। काँच चटख गया, परंतु आश्चर्य कि काँच चटखने के बाद भी बिखरा नहीं। उसने बोतल को फर्श से उठाया और उसपर पंद्रह वर्ष पूर्व लगाया गया लेबल पढ़ा तो पता चला कि बोतल में सेल्युलाइड रखा था। बेनेडिक्ट्स ने निष्कर्ष निकाला कि इन पंद्रह वर्षों में तरल पदार्थ भाप बनकर उड़ गया तथा बोतल की भीतरी दीवार पर सेल्युलाइड की एक पतली परत बन गई थी। इसी कारण काँच के टुकड़े नहीं बिखर सके। वे जुड़े रहे।

बाद में बेनेडिक्ट्स ने सेल्युलाइड के लेप से ऐसा काँच बनाया जो सुरक्षा कार्यों के लिए उपयुक्त सिद्ध हुआ। इस तरह 'स्प्लिंटर प्रूफ काँच' का आविष्कार हुआ। बेनेडिक्ट्स ने इसका नाम 'ट्रिपलैक्स' दिया। आजकल बसों, कारों तथा अन्य गाड़ियों में ऐसे सुरक्षित काँच काम में लाए जाते हैं। ऐसे काँचों में तीन परतें होती हैं—काँच, सेल्युलाइड तथा फिर काँच।

सोने से महँगी धातु कचरे से

आजकल सोने से भी अधिक महँगी बिकनेवाली धातु 'गैलियम' है जो एलूमीनियम के कचरे से प्राप्त होती है। यह एक अनोखी धातु है। यदि इसे हथेली पर रख दिया जाए तो यह पारे के समान पिघल जाती है। इसका गलनांक 29.8 डिग्री सेल्सियस है। कई देशों में इसका उपयोग आग की चेतावनी देनेवाली खतरे की घंटियों में किया जाता है। इससे पराबैंगनी किरणोंवाले मरकरी लैंप बनते हैं। निकल तथा कोबाल्ट के साथ मिलाकर इसका उपयोग खोखले दाँतों को भरने में भी किया जाता है।

गैलियम के खोजकर्ता फ्रांसीसी वैज्ञानिक लेकोक दब्बाबोद्रो ने अपने देश के सम्मान में इसका नाम गैलियम रखा, जिसको लैटिन भाषा में गैलिया कहते हैं। अपनी अनोखी विशिष्टता के कारण यह धातु कई महीनों तक तरल बनी रह सकती है तथा इसे रबड़ या जिलेटिन के सिलेंडरों में रखा जाता है। इसका क्वथनांक 2230 डिग्री सेल्सियस होने के कारण इसका उपयोग उच्च तापमापकों तथा दाबमापियों में किया जाता है।

गैलियम का उपयोग कंप्यूटर, राडार तथा बैटरियों एवं रॉकेटों में उपयोग किए जानेवाले उपकरणों में व्यापक रूप से हो रहा है। लेसर किरणों के उत्पादन में गैलियम आर्सेनाइड की महती भूमिका है।

मौसम की कुंजी

वायुमंडल में कार्बन डाइऑक्साइड की मात्रा बहुत कम है—मात्र दस हजार भाग में तीन भाग। फिर भी धरती के ताप को नियंत्रित रखने की जिम्मेदारी इसी गैस पर है। सूर्य की गरम किरणें वायुमंडल को भेदकर धरती तक पहुँचती हैं तथा पृथ्वी को गरम कर देती हैं। कुछ गरमी धरती द्वारा सोख ली जाती है तथा कुछ वायुमंडल में पुन: भेज दी जाती है। अधिकतर गरम किरणें वायुमंडल को भेदकर वापस ऊपरी वायुमंडल में चली जाती हैं। गरमी उत्पन्न करनेवाली अवरक्त किरणें कार्बन डाइऑक्साइड को नहीं भेद पातीं, परंतु धरती के वातावरण को गरम करती हैं। कार्बन डाइऑक्साइड के इस प्रभाव को 'ग्रीन हाउस प्रभाव' कहते हैं। वायुमंडल में कार्बन डाइऑक्साइड की वर्तमान मात्रा पृथ्वी का ताप 15° सेल्सियस बनाए रखती है।

वायुमंडल में कार्बन डाइऑक्साइड बढ़ने के अनेक कारण हैं, परंतु मुख्य रूप से इसकी जिम्मेदारी कारखानों तथा मोटर वाहनों पर है। इन स्रोतों से अब तक 150 अरब टन कार्बन डाइऑक्साइड वायुमंडल में पहुँच चुकी है। ईंधन की वजह से 6 अरब टन कार्बन डाइऑक्साइड हवा में पहुँचती है तथा वनों की अंधाधुंध कटाई से प्रतिवर्ष 2 से 4 अरब टन कार्बन डाइऑक्साइड हवा में पहुँचती है।

मौसम में स्थायित्व लाने तथा फसलों में अनाज बनाने की वजह से कार्बन डाइऑक्साइड हमारी घनिष्ठ मित्र है। परंतु यदि वायुमंडल में इसकी मात्रा बढ़ जाती है तो यह हमारी शत्रु साबित हो जाती है। अतः मित्रता रखने में ही फायदा है।

श्मशान में भूत

जब श्मशान भूमि में मुरदा जलाया जाता है तो उसकी हड्डियाँ जलकर फास्फोरस के रूप में परिणत हो जाती हैं, जो हवा से निरंतर ऑक्सीकृत होकर उजला धुआँ उत्पन्न करता है। इसी ऑक्सीकरण के कारण फास्फोरस रात में चमकता है, जिसे हम भूत समझ लेते हैं।

शीतल पेयों को शीतलता चाहिए

हम देखते हैं कि शीतल पेय कोई भी हो प्रायः बर्फ अथवा ठंडे स्थान पर ही रखे जाते हैं। ऐसा क्यों?

शीतल पेय हाइड्रोजन परॉक्साइड को मिलाकर बनाए जाते हैं, जो कमरे के ताप तथा दाब पर पानी तथा ऑक्सीजन का निर्माण करती है। इसी ऑक्सीजन के कारण बंद बोतल के अंदर दबाव बढ़ने से ढक्कन खुल जाने का डर रहता है, इसीलिए इसे निम्न ताप अर्थात् बर्फ में रखा जाता है।

जस्ते के फूल

प्रायः हम यही सुनते आए हैं कि पेड़-पौधों या कागज अथवा प्लास्टिक के ही फूल होते हैं; परंतु रसायनज्ञों ने जस्ते के फूल भी बनाए हैं।

जस्ता धातु को 100° सेल्सियस से अधिक ताप पर वायु में जलाने पर नीली लौ-सी जलती है, जिससे जिंक ऑक्साइड का गहरा सफेद धुआँ बनता है। इसके बहुत हलके तथा फूल के आकार में प्राप्त होने के कारण इसे जस्ते का फूल (Flower of Zinc) कहते हैं।

$2\,Zn + O_2 \rightarrow 2ZnO$

सफेद प्लेग

प्रायः हम चूहों के काटने से उत्पन्न प्लेग रोग से ही परिचित हैं, परंतु घबराइए नहीं। पौधों में भी प्लेग होता है।

जब पौधों को मिट्टी से ताँबा पर्याप्त मात्रा में प्राप्त नहीं होता तो उनकी पत्तियों के सिरे सफेद हो जाते हैं, इसे ही सफेद प्लेग रोग कहते हैं। इस तत्त्व की कमी का उत्पादन पर असर पड़ता है।

निराला सीमेंट

जब हमारे दाँत खराब हो जाते हैं तो डॉक्टर अकसर कहते हैं कि इनमें सीमेंट भरा जाएगा। यह वह सीमेंट नहीं है जो भवन-निर्माण के काम आता है।

इस सीमेंट को सोरल सीमेंट कहते हैं। यह मैग्नीशियम का निर्जल लवण (मैग्नीशियम क्लोराइड व मैग्नीशियम ऑक्साइड का मिश्रण) होता है। इसका उपयोग दाँतों को भरने व चीनी मिट्टी के बरतनों को जोड़ने में किया जाता है।

पटाखों की निराली दुनिया

आतिशबाजियों के निर्माण तथा उपयोग की तकनीक को 'पायरोटैक्नीक' या 'अग्निक्रीड़ा' कहते हैं। आतिशबाजियों में साधारण रूप से प्रयोग किए जानेवाले विस्फोटक पदार्थों में डेक्सट्रिन, चारकोल, रेडगम, एलूमीनियम, टाइटेनियम तथा

मैग्नीशियम जैसे धात्त्विक ईंधन सम्मिलित होते हैं। बहुतायत में उपयोग किए जानेवाले ऑक्सीकारकों में पोटैशियम परक्लोरेट तथा अमोनियम परक्लोरेट मुख्य होते हैं। जैसे ही आतिशबाजियों में कवच पर आग लगाई जाती है तो ईंधन व ऑक्सीकारक 2200° से 3600° ताप के बीच आपस में क्रिया करते हैं, जिससे आवाज होती है।

आतिशबाजी के कवच में प्रयुक्त होनेवाला दूसरा मुख्य रचक गन पाउडर या आग्नेय चूरन होता है, जो कवच को आकाश की ओर धकेलने तथा ऊपर हवा में विस्फोट करने के लिए प्रयोग किया जाता है। यह गन पाउडर साल्टपीटर (पोटैशियम नाइट्रेट) गंधक तथा चारकोल का बना मिश्रण होता है। इसी प्रकार अनार के लिए पीली रेत तथा सीटी के लिए पोटैशियम पिकरेट को जलाया जाता है। इन आतिशबाजियों को रंगीन बनाने के लिए कई रासायनिक यौगिकों को मिलाया जाता है; यथा—स्ट्रांशियम कार्बोनेट से लाल, एलूमीनियम से चमकदार सफेद, बेरियम नाइट्रेट अथवा क्लोरेट से हरा, ताम्र लवणों तथा क्लोरीन से नीला, सोडियम से पीला तथा लौह से नारंगी रंग बनाया जाता है।

आतिशबाजी में लगाया जानेवाला कागज जिसे 'टच पेपर' कहते हैं, पोटैशियम नाइट्रेट में अच्छी तरह भिगो दिया जाता है, जिससे वह आतिशबाजी को ज्वलनशील बना देता है। इनमें आर्सेनिक तथा एंटिमनी के यौगिक चमकदार सफेद रोशनी देकर जलते हैं।

लाख के अम्ल से औद्योगिक उत्पाद

हमारे देश के लाख शोध संस्थान, राँची के वैज्ञानिकों ने लाख से एक टरपीन यौगिक—जैलेरिक अम्ल खोजा है, जो अनेक औद्योगिक यौगिकों; यथा—डाइकीटोनस, डाइलैक्टोंस तथा टाइस्टर्स के उत्पादन में सहायक होता है।

लाख एक ज्वलनशील रेजिन होता है, जो कि लाख के कीड़े (Laccifera lecca) द्वारा पेड़ों की शाखाओं में उत्पन्न किया जाता है। यह पानी में अघुलनशील परंतु एल्कोहल में घुलनशील होता है। राँची के वैज्ञानिकों के अनुसार लाख से 12% जैलेरिक अम्ल प्राप्त होता है जो अन्य विधियों से प्राप्त अम्ल से लगभग 5 गुना अधिक होता है। इस अम्ल की प्राप्ति से बचे हुए पदार्थ से एल्यूरिटिक अम्ल बनाया जाता है, जो सुगंधयुक्त पदार्थ बनाने में सहायता करता है।

उर्वरकयुक्त काँच से उपज वृद्धि

रासायनिक उर्वरकों की कमी तथा उनकी मिट्टी में उपलब्धता की समस्या को देखते हुए ऐसे न्यूनतम रासायनिक अवरोधक काँच का निर्माण किया गया है जो इन पोषक तत्त्वों को अपने में समायोजित कर पौधों की आवश्यकतानुसार धीरे-धीरे विसरित कर सके। लघु मात्रा में पोषक तत्त्वों से युक्त इस काँच को सीधे कृषि योग्य जमीन में डाला जा सकता है।

फास्फेटयुक्त काँच को इस कार्य के लिए सर्वोत्तम माना जाता है। इस काँच की संरचना में पोषक तत्त्व; यथा—आयरन, कॉपर, बोरान, जिंक आदि के ऑक्साइड, पोटैशियम ऑक्साइड या सोडियम क्लोराइड व पोटैशियम क्लोराइड आदि लघु मात्रा में होते हैं।

वैज्ञानिकों ने जिंक पोषक तत्त्वयुक्त काँच का उपयोग मूँगफली में, आयरन पोषक तत्त्वयुक्त काँच का उपयोग गेहूँ में, मैंगनीज पोषक तत्त्वयुक्त काँच का उपयोग जौ तथा कॉपर पोषक तत्त्वयुक्त काँच का उपयोग गेहूँ में सफलतापूर्वक किया है तथा इससे पैदावार में वृद्धि भी देखी गई है।

अब वनस्पति दूध भी

वनस्पति दूध विशेषकर मूँगफली, सोयाबीन, गाजर, शकरकंद, चुकंदर, पत्तागोभी, मटर इत्यादि से बनाया जाता है। ब्रिटेन के एक वैज्ञानिक डॉ. फ्रेंकलिन ने सिद्ध कर दिया है कि वे लगभग सभी हरी वनस्पतियों से दूध व दही तैयार कर सकते हैं। हमारे देश में खाद्य प्रौद्योगिकी संस्थान मैसूर ने भी मूँगफली से दूध बनाया है।

इसमें मूँगफली को पानी में भिगोकर छिलके उतारकर बारीक लुगदी बनाते हैं तथा इसको सोडियम बाइकार्बोनेट वाले गरम पानी में लगभग

दस मिनट भिगो लेते हैं। इसके पश्चात् निश्चित मात्रा में पानी मिलाकर दूध जैसा तरल बना लेते हैं तथा छान लेते हैं। थोड़ी मात्रा में नमक, चीनी व वनस्पति चरबी मिलाकर यह दूध तैयार कर लिया जाता है।

पौष्टिकता की दृष्टि से मूँगफली का दूध बहुत पौष्टिक होता है तथा इसकी आइसक्रीम भी बनाई जा सकती है। अतः अब ऐसे दूध का निर्माण हो जाने से जानवरों की देखभाल, चारा, डेयरी उपकरण आदि के प्रबंध से मुक्ति मिल गई है।

किस्सा लापता कार्बन का

पृथ्वी में कार्बन वायुमंडल, सागरों तथा जीव-जंतुओं में अपरिमित मात्रा में, विभिन्न रूपों में विद्यमान रहता है। इन प्राकृतिक स्रोतों के बीच कार्बन का आदान-प्रदान चलता रहता है। इन तीन स्रोतों के बीच साल-भर में कार्बन डाइऑक्साइड के रूप में कुल लगभग 110 अरब टन कार्बन का आदान-प्रदान होता है।

इस तरह से इन स्रोतों के बीच कार्बन के घूमते रहने को कार्बन-चक्र कहते हैं तथा घूम रही मात्रा का हिसाब-किताब कार्बन बजट (Carbon budget) कहलाता है। इस समय प्रतिवर्ष 5.7 अरब टन कार्बन डाइऑक्साइड पेट्रोल, कोयला जैसे जैवाश्म ईंधनों के जलने से वायुमंडल में पहुँच रही है। परंतु इस कुल 7.7 अरब टन कार्बन डाइऑक्साइड में से केवल 3.8 अरब टन कार्बन डाइऑक्साइड ही वायुमंडल में बची रहती है, शेष चार अरब टन हर वर्ष गायब हो जाती है। इसे 'लापता कार्बन डाइऑक्साइड' कहा जाता है।

विगत 16-17 वर्षों से कई देशों के वैज्ञानिक इस तरह रहस्यमय ढंग से गायब हो रही कार्बन डाइऑक्साइड के नए ठिकानों का पता लगाने में जुटे हुए हैं। ग्रीन हाउस के बढ़ते हुए प्रभाव से यह कहना कठिन है कि भविष्य में इस अनुमानित मात्रा में से कितनी कार्बन डाइऑक्साइड लुप्त होगी तथा कितनी वहीं रहकर ग्रीन हाउस प्रभाव को बढ़ाएगी।

जलकुंभी : जल प्रदूषणनाशक

आजकल औद्योगिकीकरण, शहरीकरण तथा जनसंख्या वृद्धि के कारण शहरों तथा उद्योगों से स्रावित जल का निरंतर प्रवाह जलस्रोतों में हो रहा है, जिसके कारण विभिन्न रासायनिक पदार्थ जल में समाहित हो रहे हैं।

जल प्रदूषण निवारण में जलकुंभी (Water Hyacinth) का विशिष्ट योगदान होता है। जलकुंभी पानी से बहुत अधिक मात्रा में पोषक तत्त्व अवशोषित करके उसे अपने भार में सम्मिलित कर लेती है। इसमें नाइट्रोजन, फास्फोरस, पोटैशियम, कैल्शियम, मैग्नीशियम, आयरन, कॉपर, जिंक तथा अन्य भारी धातुएँ अत्यधिक मात्रा में पाई जाती हैं। अत: इस वनस्पति का उपयोग प्रदूषित जल, उद्योगों से आता दूषित बहिर्स्राव, घरेलू सीवरेज व विभिन्न कृषि रसायन, कीटनाशक तथा विषैले तत्त्वों को दूर करने के लिए किया जाता है।

एक हैक्टेयर क्षेत्र में उग रही जलकुंभी वर्ष में 1591 किलो नाइट्रोजन व 364 किलो फास्फोरस सीवरेज बहिर्स्राव में से अवशोषित करने की क्षमता रखती है। यह 68 किलो फीनोल प्रति 72 घंटे से चयापचय करती है तथा 120 ग्राम सूक्ष्म भारी धातु प्रत्येक 24 घंटे में अवशोषित करती है।

यद्यपि जलकुंभी बहुत तीव्र गति से बढ़ती है तथा जल की सतह पर तैरती चटाई-सी लगती है; परंतु यह अत्यधिक विषैले पारे (मरकरी) के प्रदूषण को भी दूर करने में सक्षम है। विभिन्न उद्योगों जैसे क्लोरोक्षारीय प्लांट, डायबैटरीज, पेपर पल्प, प्लास्टिक तथा फासिल बर्निंग यूनिट आदि के स्राव को, जिनमें पारे की अधिकता हो, प्रदूषणरहित करने के लिए जलकुंभी का प्रयोग किया जाता है।

जलकुंभी से बायो गैस व कंपोस्ट खाद भी बनाई जाती है। पशुओं के खाद्यान्न के रूप में भी जलकुंभी का उपयोग किया जाता है।

एलूमीनियम के बरतन हानिकारक

आजकल घरों में एलूमीनियम के बरतनों तथा उससे बने अन्य सामानों का प्रचलन काफी बढ़ गया है। इसके कई कारण हैं। ये बरतन हलके, सस्ते, जंगरहित तथा प्रचुरता में उपलब्ध हैं। अभी हाल ही में विश्व-भर में एलूमीनियम धातु के इस्तेमाल पर हुए अनुसंधान से कुछ ऐसे तथ्य सामने आए हैं जिससे ज्ञात होता है कि खाने-पीने के बरतन के रूप में काम आनेवाली यह धातु मानव के स्वास्थ्य में जहर घोल रही है।

एलूमीनियम एक बहुत ही क्रियाशील धातु है। यह हवा में विद्यमान ऑक्सीजन से शीघ्र तथा आसानी से संयोग करके एलूमीनियम ऑक्साइड में ऑक्सीकृत हो जाती है, जो अत्यधिक पतली परत के रूप में बरतन की सतह पर जम जाती है तथा सफेद होने के कारण नजर भी नहीं आती।

जब यह परत खट्टे या अम्लीय, लवणयुक्त, क्षारीय आदि खाद्य-पदार्थों से क्रिया कर उसमें तुरंत घुलकर भोजन के साथ हमारे शरीर में पहुँच जाती है तो अनेकों रोगों को जन्म देती है।

आधुनिक अनुसंधानों द्वारा यह प्रमाणित किया जा चुका है कि एलूमीनियम खाद्य पदार्थों में विद्यमान पोषक तत्त्वों; जैसे विटामिन, लवण आदि से क्रिया करके उनके पोषक तत्त्वों को निष्क्रिय बना देती है। अतः ऐसे बरतनों में कभी नमक तथा सोडा नहीं डालना चाहिए तथा न ही एलूमीनियम के बरतनों में चाय, दही, चटनी, सिरका, नींबू, फलों का रस, टमाटर, इमली इत्यादि ही डालनी चाहिए।

वैज्ञानिकों ने ज्ञात किया है कि चाय में एलूमीनियम की काफी मात्रा घुल सकती है। फ्लोराइडयुक्त पानी को एलूमीनियम के बरतन में उबालने पर पानी में काफी मात्रा में एलूमीनियम घुल जाती है। उस पानी को जिसमें फ्लोराइड की मात्रा एक भाग प्रति दस लाख भाग होती है एलूमीनियम के बरतन में उबालने से उसमें 220 भाग प्रति दस लाख भाग तक एलूमीनियम घुल सकती है।

चिकित्सकों के अनुसार, उच्च एलूमीनियम युक्त भोजन खाने या चाय पीने से मस्तिष्क की कोशिकाएँ नष्ट हो जाती हैं तथा डेमेंटिया नामक रोग हो जाता है। इस रोग में मनुष्य अपनी स्मरण-शक्ति खो देता है तथा उसके सोचने की शक्ति क्षीण हो जाती है। अतः हमें एलूमीनियम के बरतनों का खाना पकाने व चाय बनाने में प्रयोग नहीं करना चाहिए।

धान की भूसी से सिलिका

आधुनिक अनुसंधानों से यह सिद्ध हो चुका है कि किसी वस्तु का छिलका भी उपयोगी हो सकता है। उदाहरण के तौर पर अनाज शरीर को ऊर्जा देता है, परंतु छिलका जलावन भट्टियों में तापीय ऊर्जा उत्पन्न करके भी नष्ट नहीं होता है। वैज्ञानिकों ने धान की भूसी से चलनेवाली औद्योगिक भट्टियों से प्राप्त काले अवशेष में एक कीमती रासायनिक पदार्थ 'सिलिका' की खोज की है।

साधारणतौर पर अनाज का छिलका फेंक दिया जाता है परंतु केंद्रीय ईंधन अनुसंधान संस्थान, धनबाद में किए गए अन्वेषणों से विदित हुआ है कि धान की भूसी से सिलिका निकाला जा सकता है तथा ताप-मूल्य को भी ऑक्सेलिक अम्ल के रूप में प्राप्त किया जा सकता है। धान की भूसी से निष्कासित सिलिका में बोरोन, आर्सेनिक, टिन आदि अवांछनीय तत्त्व कम होते हैं। अत: ऐसे ही सिलिका से रासायनिक क्रियाओं के फलस्वरूप उच्च कोटि के सिलिकन बनाए जा सकते हैं, जिसके लिए हमें विदेशों पर निर्भर रहना पड़ता है। इसका उपयोग सोलर सेल तथा अन्य विद्युत् यंत्रों जैसे ट्रांजिस्टर तथा डायोड्स इत्यादि में किया जाता है।

अनुसंधानों द्वारा विदित हुआ है कि एक किलोग्राम धान की भूसी से लगभग 250 ग्राम सिलिका तथा 500 ग्राम ऑक्सेलिक अम्ल बनता है। अत: उपयोगिता की दृष्टि से धान की भूसी बहुत महत्त्वपूर्ण है। अब धान की भूसी को अनावश्यक वस्तु की तरह फेंकना हमारी अज्ञानता ही होगी तथा एक बड़ी मात्रा में उपलब्ध कृषि उत्पाद की बरबादी भी रोकी जा सकेगी।

प्रशांतक ओषधियाँ घातक

चिकित्सक की सलाह पर अनिद्रा तथा अवसाद के क्षणों में बहुधा प्रशांतक (Tranquilizer) ओषधियों का प्रयोग किया जाता है। परंतु कई लोग इनके इतने आदी हो जाते हैं कि वे यह भूल जाते हैं कि इनका दुष्प्रभाव कितना अधिक होता है।

प्रशांतक ओषधियों में बारबिट्यूरेट्स (Barbiturates) तथा ब्रोमाइड्स (Bromides), पेरल्डीहाइड (Paraldehyde), क्लोरल्डीहाइड (Chloraldehyde) आदि सम्मिलित होते हैं। इन्हें निद्राजनक/शामक ओषधियाँ कहते हैं। इनके पार्श्व प्रभाव बहुत खतरनाक होते हैं; यथा—रक्तचाप में कमी,

चक्कर आना, नजर में अस्थिरता, गफलत में पड़े रहना, सिरदर्द, अटकती हुई बोली, घटती स्मरण-शक्ति तथा काबूरहित उत्तेजना आदि पार्श्व प्रभावों का ही परिणाम है। इसका शिकार व्यक्ति आत्महत्या की तरफ अग्रसर हो सकता है।

आजकल नींद की गोलियाँ खाकर आत्महत्या करनेवालों की संख्या इन्हीं बारबिट्यूरेट्स के प्रचार-प्रसार का ही परिणाम है।

कृत्रिम बीजों का कमाल

वैज्ञानिकों ने अब कृत्रिम बीजों का उत्पादन प्रारंभ कर दिया है, जिससे भविष्य में ऐसे पौधों के प्रवर्धन में मदद मिलेगी, जिनमें या तो बीज बनते ही नहीं या फिर बनते हैं तो बहुत कम।

जैव प्रौद्योगिकी द्वारा प्राप्त इस नई तकनीक का नाम है—कायिक भ्रूण जनन या Somatic embryogenesis। इन कायिक भ्रूणों को सोडियम एल्जिनेट, कैल्शियम एल्जिनेट, पॉली-एक्रेलामाइड जैल आदि के खोल (Capsule) में रखा जाता है। इसे ही 'कृत्रिम बीज' (Artificial Seed) कहते हैं। वस्तुत: कृत्रिम बीज सुरक्षात्मक जैल के आवरण से ढके कायिक भ्रूण ही हैं तथा ये वास्तविक बीज के समकक्ष ही हैं। यह महत्त्वपूर्ण तकनीक संकर सब्जियों, फसलों तथा कुछ मूल्यवान फलों व सजावटी प्रजातियों के उत्पादन तथा प्रवर्धन में अत्यधिक उपयोगी होगी।

जल में नाइट्रेट की अधिकता का जहर

नाइट्रेटयुक्त उर्वरकों का कुछ ही भाग पौधे उपयोग में ला पाते हैं तथा इन तत्त्वों का एक बड़ा हिस्सा मिट्टी में एकत्रित होता रहता है, जो वर्षा के पानी के साथ रिसकर पृथ्वी के भीतर भू-जल में नाइट्रेट आयनों की सांद्रता में वृद्धि करता है।

पेयजल में नाइट्रेट की 45 पी.पी.एम. से अधिक मात्रा अवांछनीय होती है। इससे नवजात शिशुओं में नीला रोग या साइनोसिस (Cynosis) होने का खतरा बना रहता है। इसमें बच्चों की चमड़ी हलके नीले रंग की हो जाती है।

नाइट्रेट का नाइट्राइट में परिवर्तन होने से हीमोग्लोबीन में उपस्थित लौह (फेरस) फेरिक में बदल जाता है जिससे हीमोग्लोबीन ऑक्सीजन का शोषण नहीं कर पाता है तथा इस रोग को मेट-हीमोग्लोबेनीमिया कहते हैं।

नाइट्रेट सेकंडरी एमीन से क्रिया करके नाइट्रोसामीन (Nitrosamine) नामक

विषैला पदार्थ बनाता है जो कैंसरजनक है। दुधारू पशुओं के लिए भी अधिक नाइट्रेटयुक्त जल प्राणघातक है।

नाइट्रेट→नाइट्राइट→नाइट्रोसामीन (कैंसरजनक)

जल में नाइट्रेट विषाक्तता को सामान्य विधियों द्वारा दूर भी नहीं किया जा सकता है।

विश्व का सबसे हलका ठोस पदार्थ–फ्रोजन स्मोक

वर्ष 1817 की बात है कि एक दिन स्वीडन के रसायनशास्त्री आर्फ वेडसन अपनी प्रयोगशाला में पेटेलाइट नामक एक खनिज का विश्लेषण कर रहे थे तथा बार-बार उसे दोहरा रहे थे। हर बार सभी अवयवों की प्रतिशत संख्या का योग 96 आ रहा था। शेष 4 प्रतिशत कहाँ गया? इस दिशा में अपने सात वर्षों के गहन शोध के पश्चात् डॉ. वेडसन ने इस 4 प्रतिशत के नए तत्त्व को नाम दिया लीथियम।

लीथियम यूनानी भाषा के लीथोज से बना है। इसका अर्थ होता है—पत्थर। आर्फ वेडसन ने शीघ्र ही दूसरे खनिजों में भी लीथियम की उपस्थिति खोज निकाली।

लीथियम विश्व का सबसे हलका तत्त्व है। एलूमीनियम इससे पाँच गुना तथा लोहा इससे 15 गुना भारी है। शुद्ध लीथियम चाँदी के समान सफेद, कोमल तथा वजन में हलका होता है।

संयुक्त राष्ट्र अमेरिका की केलीफोर्निया स्थित लारेंस लिवरमोर राष्ट्रीय प्रयोगशाला ने विश्व के एक और सर्वाधिक हलके ठोस पदार्थ का विकास करने में सफलता प्राप्त की है। यह देखने में जमे हुए धुएँ जैसा लगता है। इसीलिए इसका नाम रखा गया है—फ्रोजन स्मोक। अत्यंत सूक्ष्म रंध्रवाले फ्रोजन स्मोक को सिलिकॉन डाइऑक्साइड के माइक्रोस्कोपिक घोल में केमिकल एंड हीट पद्धति द्वारा एल्कोहल और जल को दूर करके 'सिलिका एशेजल' के रूप में प्राप्त किया गया है। इसका अंतरिक्ष विज्ञान में महत्त्वपूर्ण उपयोग है।

कार्बन डाइऑक्साइड : खाद्य संरक्षक

हमारे देश के मैसूर स्थित केंद्रीय खाद्य प्रौद्योगिकी अनुसंधान संस्थान के वैज्ञानिकों ने पहली बार अनाजों तथा कॉफी के दानों के धूम्रीकरण के लिए कार्बन डाइऑक्साइड का उपयोग किया है। पूर्व में अनाजों के विसंक्रमण के लिए फॉस्फीन तथा कभी-कभी मिथाइल ब्रोमाइड का भी उपयोग होता रहा है। इसके पश्चात् मैलाथियान तथा डी.डी.वी.पी. जैसे रोग निरोधक रसायनों का छिड़काव भी किया गया, परंतु इनके अत्यधिक दुष्प्रभाव देखे गए।

कार्बन डाइऑक्साइड अनाजों में फफूँद तथा विषैले कवक लगने से रोकता है तथा पर्यावरण की दृष्टि से भी इसका उपयोग सुरक्षित है। यह मनुष्य के स्वास्थ्य पर कोई हानिकारक प्रभाव नहीं डालता है। परीक्षणों से विदित हुआ है कि धूम्रकारक के रूप में कार्बन डाइऑक्साइड के उपयोग से फसलों की गुणवत्ता में कोई कमी नहीं आती है।

बेंजीन के अब सात समावयव

अनुसंधानों के अनुसार बेंजीन के रासायनिक सूत्र के समान तीन नए अणुओं की खोज कर ली गई है। इस प्रकार बेंजीन के कुछ ज्ञात समावयवों (Isomers) की संख्या अब सात हो गई है। वैज्ञानिकों का विश्वास है कि इसके साथ ही रासायनिक सूत्र C_6H_6 के सभी संभव समावयवों का पता लग चुका है।

छः कार्बन परमाणुओं तथा छः हाइड्रोजन परमाणुओं का केवल बेंजीन ही स्थायी विन्यास है। इस अणु में एकल व द्विक-बंध एकांतर (Alternate) रूप में होते हैं। कई वैज्ञानिकों ने बेंजीन की संरचना की है। वर्ष 1967 में बेंजवैलीन को तथा प्रिजमैन जिसे वर्ष 1973 में बनाया गया था, को संश्लेषित किया गया था

C_6H_6 के अन्य संभावित समावयव द्विक-मुद्रिका (डबल रिंग) अणु हैं, जिन्हें बाइसाइक्लोप्रोपिनाइल्स कहा जाता है। इसके तीन समावयव हैं 1, 1, 1, 2, 2, 2, तथा 2, 2। इसमें केवल द्विक-बंध की स्थिति के कारण ही भेद होता है।

अब होंगे प्लास्टिक के बगीचे

प्रायः टूटे-फूटे प्लास्टिक से छुटकारा पाना एक पर्यावरणीय समस्या है, मूलतः इसका कारण है प्लास्टिक का जीव विघटित नहीं होना। इस समस्या का समाधान है इसका पुनर्प्रयोग। अतः मात्र पॉली हाइड्रोक्सी ब्यूटाइरेट या पी.एच.बी. ही एकमात्र ऐसा प्राकृतिक प्लास्टिक है जो जीव विघटित हो जाता है।

आई.एस.आई. नामक ब्रिटेन की सबसे बड़ी रसायन कंपनी ने पी.एच.बी. के उत्पादन के लिए जीवाणुओं का उपयोग करना प्रारंभ कर दिया है। जीवाणुओं द्वारा उत्पादित प्लास्टिक आम प्लास्टिक से महँगा है, इसलिए मिसिगन स्टेट विश्वविद्यालय के क्रिस सोमरविले ने पी.एच.बी. उत्पादन की सस्ती विधि ढूँढ़ने का प्रयास किया है तथा उनके शोध से पौधों की पत्तियों में पी.एच.बी. उत्पादन प्रारंभ हो गया है। अमेरिकी वैज्ञानिकों ने घोषणा कर रखी है कि वे आगामी वर्षों में प्लास्टिक उत्पन्न करनेवाले कंद-मूल विकसित कर लेंगे; जिससे प्लास्टिक के बगीचे लगने लगेंगे।

भोजन तथा मानवीय क्रियाएँ भी कैंसरकारी

कैंसर की उत्पत्ति के लिए एक नहीं वरन् अनेक कारकों को उत्तरदायी माना जा सकता है; उनमें भोजन, मानवीय क्रियाएँ तथा रहन-सहन भी शामिल हैं। कैंसर पैदा करनेवाले मानवीय कारकों में तंबाकू, शराब, भोजन को लंबे समय तक सुरक्षित रखने के लिए मिलाए जानेवाले रसायन, प्रदूषण तथा कुछ दवाएँ भी होती हैं।

अनेक बार कैंसरीय पदार्थ भोजन में तो उपस्थित नहीं होते, परंतु भोजन में उपस्थित अन्य पदार्थों के पाचन के दौरान भोजन नाल में उत्पन्न हो जाते हैं। इनमें

प्रमुख है एन-नाइट्रोसो यौगिक, जो सर्वाधिक तीव्र कैंसरीय पदार्थों में से एक है। भोजन नाल में नाइट्रोसो यौगिक नाइट्राइट तथा नाइट्रोसेबल यौगिक के बीच क्रिया के दौरान पैदा होते हैं।

नाइट्राइट यौगिक भोजन में प्रचुरता से पाए जाते हैं। प्राय: खाद्य रंगों, खाद्य पदार्थों को सुरक्षित रखने के लिए उपयोग किए जानेवाले रसायनों तथा अनेक सब्जियों में ये उपस्थित रहते हैं। अनेक बार भोजन नाल में उपस्थित सूक्ष्म जीवाणु भी नाइट्रेट रसायनों पर क्रिया के बाद नाइट्राइटों में बदल जाते हैं तथा आपस में क्रिया करके एन-नाइट्रोसो यौगिकों को उत्पन्न करते हैं, जो कैंसर उत्पन्न करने का कार्य करते हैं। भोजन में अत्यधिक वसा की उपस्थिति तथा पानी में अत्यधिक नाइट्रेट के कारण भी आँत का कैंसर देखा गया है।

पानी भी उत्पन्न करेगा पेट्रोल

वैज्ञानिकों ने पाया है कि जलीय वनस्पतियाँ भी ऊर्जा उत्पादन की दृष्टि से महत्त्वपूर्ण हो सकती हैं। अमेरिकी वैज्ञानिकों का अनुमान है कि वर्ष 2010 तक अमेरिका के कुल मोटर ईंधन का 8 प्रतिशत शैवालों से प्राप्त किया जा सकेगा। कोलोराडो स्थित ऊर्जा अनुसंधान संस्थान के वैज्ञानिक दल ने कुछ ऐसी शैवालों का प्रयोग किया है जो प्रचुर मात्रा में 'लिपिड' यौगिकों का उत्पादन करती हैं। ये शैवाल हैं—काइटोसिरास, नैविकुला तथा मोनोरैफिडियम।

ये शैवाल अत्यधिक लवणीयतावाले जल में भी पनप सकते हैं। शैवालों से प्राप्त लिपिडों को डीजल या पेट्रोल किसी भी ईंधन में रूपांतरित किया जा सकता है। इन्हें हाइड्रोक्लोरिक अम्ल तथा मिथेनॉल के मिश्रण के साथ गरम करने पर डीजल प्राप्त होता है। यह प्रक्रिया 'ट्रांस एस्टरीफिकेशन' (Trans-esterification) कहलाती है। इन शैवालों से लिपिड के अलावा भी कई प्रकार के रसायन प्राप्त किए जा सकते हैं।

शराब के नशे में भी रसायन

शराब कोई भी हो, उसका प्रमुख घटक होता है इथाइल एल्कोहल (C_2H_5OH)। कम मात्रा में लिया गया एल्कोहल उत्तेजक की भाँति काम करता है; जबकि एल्कोहल की अधिक मात्रा अवसादक होती है। एल्कोहल आमाशय तथा

आँत में अवशोषित होकर, रक्तप्रवाह के साथ शरीर के समस्त ऊतकों में पहुँचता है, जिसमें संवेदी एवं तंत्रिका ऊतक भी शामिल होते हैं।

यह तो सभी जानते हैं कि संवेदी ऊतक समस्त सूचनाओं को ग्रहण कर मस्तिष्क तक पहुँचाते हैं। इथाइल एल्कोहल के प्रभाव से सभी प्रकार के ऊतकों में शिथिलता आने लगती है। यह शिथिलता एल्कोहल की मात्रा के साथ बढ़ती जाती है। जब तंत्रिकाएँ पूर्णरूप से शिथिल हो जाती हैं तब वह स्थिति नशा कहलाती है।

सुंदरता के प्रतीक तिल कैंसर बन सकते हैं

आपने देखा होगा कि कई लोगों के शरीर पर काफी तिल होते हैं, जबकि कई बगैर तिल के भी होते हैं। यह इसलिए होता है कि मनुष्य की त्वचा का रंग कुछ विशेष प्रकार की कोशिकाओं पर निर्भर करता है, इनमें एक गाढ़े रंग का रासायनिक पदार्थ 'मेलानिन' होता है।

गोरे रंग की त्वचा में ये कोशिकाएँ कम होती हैं तथा गाढ़े रंग की त्वचा में अधिक होती हैं। कभी-कभी ये मेलानिनवाली कोशिकाएँ एक जगह एकत्रित हो जाती हैं और इनसे बनता है तिल। ये तिल जन्म से ही त्वचा पर हो सकते हैं, परंतु कभी ये जन्म के पश्चात् भी उभरने लगते हैं। प्रायः ये तिल नुकसान नहीं पहुँचाते। कभी-कभी कुछ तिल रंग बदलते हैं तथा कैंसर के ट्यूमर, जिन्हें मेलानोमा कहते हैं, में परिवर्तित हो जाते हैं।

अतः जब कभी तिल का रंग बदलता दिखाई दे, या इसमें खुजली अथवा उससे खून निकले तो डॉक्टर को तुरंत दिखाएँ।

बालों से भोजन व ओषधि

यदि कभी आपके भोजन में बाल निकल आए तो आप क्या करेंगे? या तो आप बाल को तुरंत बाहर निकालकर फेंक देंगे अथवा परोसा हुआ भोजन ही बदल लेंगे। इसी समय अगर आपको कोई यह कहे कि आपका भोजन ही बालों का बना है तो विश्वास है आप इसे खाएँगे ही नहीं।

आज के युग में विज्ञान की हुई प्रगति से बालों का इस्तेमाल भोजन तैयार करने तथा ताकत की गोलियाँ एवं कैप्सूल बनाने में किया जाता है। यह तो सर्वविदित है कि अभी तक बालों का उपयोग विग बनाने, सुंदरता तथा शृंगार की वस्तुएँ आदि बनाने में किया जाता है तथा बाल प्रोटीन के बने होते हैं। परंतु यह किसीको मालूम नहीं है कि बालों के अंदर वे सभी 24 अमीनो अम्ल विद्यमान होते हैं जिनसे हमारा शरीर बना है।

जापान तथा कोरिया की कुछ कंपनियों ने बालों का उपयोग डबल रोटी बनाने, खाँसी का सीरप बनाने तथा ताकत के कैप्सूल बनाने में किया है। कुछ देशों में बालों से एल-सिस्टीन, एल-टाइरोसीन तथा ग्लूटामिक एवं अन्य अमीनो अम्ल बनाकर मसालों में उपयोग किया गया है, जिससे भोजन स्वादिष्ट एवं पौष्टिक हो जाता है।

तैलीय मछली से कैंसररोधी ओषधि

बरमिंघम स्थित आस्टन विश्वविद्यालय के फार्मेस्युटिकल विज्ञान विभाग के वैज्ञानिकों ने ज्ञात किया है कि तैलीय मछली (Oily fish) से प्राप्त एक रसायन 'आइकोसापेंटेनॉइक एसिड' ठोस ट्यूमरों की वृद्धि तथा बहुत से कैंसर रोगियों में होनेवाली भार हानि को रोकता है।

प्रभारी वैज्ञानिक प्रो. माइकल

टिसडेल का मानना है कि आइकोसापेंटनॉइक एसिड कोशिकाओं के प्रचुरोद्‌भव को प्रभावित किए बिना कैंसर कोशिकाओं के नष्ट होने की गति में वृद्धि करता है। यह प्रथम ओषधि है जो सामान्य कोशिकाओं की स्वाभाविक वृद्धि को प्रभावित किए बिना कैंसर कोशिकाओं को नष्ट करती है। यह रसायन आमाशय, फेफड़ों तथा अग्नाशय में उत्पन्न उन विशिष्ट प्रोटीनों को अवरुद्ध करता है जो ट्यूमर को आहार प्रदान करते हैं। आशा की जा रही है कि इससे लाइलाज कैंसरों का उपचार भी संभव हो सकेगा।

कितना रहस्यमय है कूड़ा विज्ञान

प्रकृति तथा समाज में ऐसे चक्र चलते हैं कि एक के कूड़े का दूसरा उपयोग करता है। इसी कारण पुराना सामान बिकता है तथा कूड़े से भी छाँटकर सामान पुनः उपयोग में लाया जाता है। पुराना लोहा, चाँदी, प्लास्टिक, काँच, कागज, छीलन आदि घूम-फिरकर वापस अपने पास ही आ जाते हैं, किंतु एक नया रूप लेकर।

प्राकृतिक चक्र में ऑक्सीजन, कार्बन डाइऑक्साइड का चक्र तो बिलकुल ही स्पष्ट दिखाई देता है। पेड़-पौधे खाना बनाते समय जिसे बेकार समझकर बाहर निकाल देते हैं, वही ऑक्सीजन मानव का जीवनाधार होती है। इसी प्रकार मानव की साँस द्वारा निकाली गई गंदी हवा अर्थात् कार्बन डाइऑक्साइड पेड़-पौधों के भोजन बनाने के लिए भी बहुत आवश्यक होती है।

हमारे शरीर से निकला मल-मूत्र, पसीना एवं थूक भी हमारे बारे में बहुत कुछ कह देता है। डॉक्टर, वैद्य, हकीम भी बहुत कुछ इन्हीं के आधार पर सही-सही हमारे स्वास्थ्य के बारे में बतलाते हैं। यदि हम इनके रंग-ढंग के बारे में जरा ध्यान दें, तो हम स्वयं भी यह जान सकते हैं कि हमारे शरीर में गड़बड़ चल रही है।

सोने, चाँदी की दुकान के कूड़े में सोने-चाँदी के कण हो सकते हैं, तो अनाजवाली दूकान के कूड़े में अनाज के दाने। फूलों व अगरबत्ती की दूकान के कूड़े में उनकी महक समा जाती है।

कार्यालयों में प्रयुक्त कार्बन, गुदड़ा हुआ कागज बहुत से रहस्यों को अपने आप में समेटकर कूड़े तक पहुँच सकता है। अतः जासूस आपके घर के कूड़े से घर के रहस्यों, कार्यालयों तथा प्रयोगशालाओं की रद्‌दी के कूड़े में वैज्ञानिक सुरक्षा के रहस्यों का भी पता लगा सकते हैं। इस कारण ध्यान रखिए, जब भी कूड़ा फैलाएँ या फेंकें तो सोचें, कहीं ये आपको मुसीबत में न डाल जाएँ।

मल्लाह थे काँच के आविष्कारक

कैनन या फीनीशिया में अशुद्ध सोडे के ढेलों से लदा एक जहाज बेलस नदी के पास सँकरी रेतीली पट्टी पर उतरा तथा जहाज के मल्लाह भोजन बनाने का उपक्रम करने लगे। मल्लाहों को खाना पकाने के लिए आग पर बरतन टिकाने के लिए पत्थर नहीं मिल सके, अतः उन्होंने सोडे के ढेलों को जोड़कर चूल्हा बनाकर उसके नीचे आग लगा दी तथा ऊपर बरतन चढ़ा दिया। भोजन बनाने के क्रम में उन्होंने आश्चर्य से देखा कि एक अज्ञात द्रव पिघलकर बहने लगा है। इस अज्ञात द्रव की पारदर्शी धारा काँच की थी, जो सोडे तथा रेत पर अग्नि के प्रभाव के कारण उत्पन्न हुई थी।

रासायनिक भाषा में काँच धात्त्विक सिलिकेटों का अक्रिस्टलीय पारदर्शक या अल्प पारदर्शक मिश्रण होता है। साधारण काँच को सोडियम-कैल्शियम सिलिकेट $Na_2O, CaO, 6SiO_2$ कहते हैं। जब सोडियम कार्बोनेट तथा सिलिका (SiO_2) के मिश्रण को अधिक ताप पर गरम करते हैं तो उससे अक्रिस्टलीय, पारदर्शक या अल्प पारदर्शक सोडियम सिलिकेट प्राप्त होता है। इसे जल काँच या Water Glass कहते हैं।

इसी प्रकार कैल्शियम कार्बोनेट तथा सिलिका के मिश्रण को गरम करने पर कैल्शियम सिलिकेट प्राप्त होता है। यह पानी में अविलेय परंतु अम्लों में विलेय होता है। परंतु जब सोडियम कार्बोनेट, कैल्शियम तथा सिलिका के मिश्रण को अधिक ताप पर गरम करते हैं तो प्राप्त पदार्थ सोडियम-कैल्शियम सिलिकेट पानी तथा अम्ल में अघुलनशील होता है, इसे काँच कहते हैं।

काँच को रंगीन बनाने के लिए इसमें विभिन्न धात्त्विक ऑक्साइड मिलाए जाते हैं, जिससे ये रंगीन हो जाते हैं। हरे रंग के लिए फेरस आयरन, पीले रंग के लिए फेरिक आयरन, लाल रंग के लिए क्यूप्रस लवण तथा मयूर नीले रंग के लिए क्यूप्रिक लवण, बैंगनी रंग के लिए मैंगनीज डाइऑक्साइड, भूरे रंग के लिए गंधक, काले रंग के लिए निकल तथा दूधिया रंग के लिए टिन ऑक्साइड आदि मिलाए जाते हैं।

कलाई घड़ी का सुहाग लीथियम

कलाई घड़ी का सेल आकार में बटन के बराबर होता है, अतः यह 'बटन

सेल' कहलाता है। अन्य सेलों की भाँति यह सेल दुबारा आवेशित नहीं किया जा सकता। यह सेल रासायनिक ऊर्जा को वैद्युत् ऊर्जा में बदलता है। इस सेल की विशेषता है कि अन्य सेलों की अपेक्षा इसकी वोल्टता अधिक होती है। इसीलिए घड़ी में लगा बटन सेल अधिक समय तक चलता है।

इन सेलों में लीथियम ऋणात्मक इलैक्ट्रोड का काम करता है तथा धनात्मक इलैक्ट्रोड के लिए किसी भी ऑक्सीकारक का प्रयोग किया जा सकता है। वस्तुतः लीथियम ही बटन सेल का रहस्य है तथा कलाई घड़ी का सुहाग है।

दाग तथा धब्बे छुड़ानेवाले रसायन

कपड़ों पर दाग-धब्बे लगना एक घरेलू एवं आम समस्या है। कई बार अच्छे कपड़े दाग लग जाने के कारण इतने खराब हो जाते हैं कि हम उन्हें दोबारा नहीं पहन पाते। रसायन हमारी इस समस्या को सुलझाने में भी सहायता करते हैं। दाग-धब्बे भी मुख्यतः चार प्रकार के होते हैं।

(1) **वनस्पति के धब्बे**—इसमें घास, दाल, सब्जी, पान, चाय, कॉफी, कोको, कहवा तथा फलों आदि के धब्बे आते हैं। इनको छुड़ाने के लिए अधिकतर गरम पानी, साबुन, सोडा तथा सुहागा आदि का प्रयोग किया जाता है।

(2) **जंतुओं के धब्बे**—इसमें खून, थूक, कफ, चरबी, चिकनाई, अंडे तथा म्यूकस आदि के दाग-धब्बे आते हैं। इनको छुड़ाने के लिए अमोनिया, नमक, नींबू तथा कार्बन टेट्राक्लोराइड का प्रयोग किया जाता है।

(3) **रसायनजनित धब्बे**—इसमें स्याही, जंग, लोहा, वार्निश, पेंट, आयोडीन आदि के धब्बे आते हैं। इनको दूर करने के लिए ऑक्सेलिक अम्ल का प्रयोग किया जाता है। सफेद कपड़ों के दाग हाइड्रोजन परऑक्साइड से छुड़ाए जाते हैं।

(4) **अन्य धब्बे**—इसमें वैसलीन, तेल तथा अन्य धब्बे आते हैं। एमिल एसिटेट से नेल पॉलिश, रंग, लिकर आदि के दाग दूर किए जाते हैं। अमोनिया का प्रयोग चिकनाईरहित दाग-धब्बे छुड़ाने में किया जाता है। इसके अतिरिक्त सोडियम परबोरेट व क्लोरोफॉर्म का भी प्रयोग दाग-धब्बों को छुड़ाने में किया जाता है।

निकोटीन–हाय! हाय!

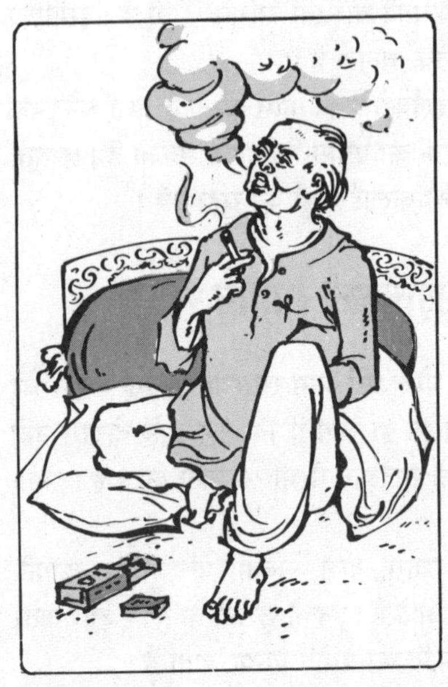

धूम्रपान करने की सामग्री चाहे सिगरेट हो या बीड़ी, सिगार हो या चुरट, गाँजा हो या हुक्का—इन सभी के धुएँ अत्यंत विषैले तथा खतरनाक होते हैं। धूम्रपान करनेवाला व्यक्ति अपने जीवन को तो खतरे में डालता ही है, साथ ही अपने परिवारजनों तथा आसपास के व्यक्तियों के जीवन को भी बरबाद करता है।

वैज्ञानिकों ने अब सिद्ध कर दिया है कि धूम्रपान करनेवालों के मुँह से निकला हुआ धुआँ धूम्रपान न करनेवालों के लिए, धूम्रपान करनेवालों की अपेक्षा, अधिक खतरनाक होता है। समस्त विटामिनों में विटामिन 'सी' ही सर्वाधिक महत्त्वपूर्ण होता है, क्योंकि शरीर के रखरखाव में इसकी सबसे अधिक आवश्यकता होती है। लगातार धूम्रपान करते रहने से मनुष्य के शरीर का विटामिन 'सी' निष्क्रिय हो जाता है। धूम्रपान न करनेवाले के शरीर में धूम्रपान करनेवाले का धुआँ साँस के साथ लेने के कारण विटामिन 'सी' की अधिक कमी हो जाती है।

अनुसंधान के आँकड़े दरसाते हैं कि केवल एक सिगरेट पीने से शरीर का लगभग 25 मिलीग्राम विटामिन 'सी' नष्ट हो जाता है।

तंबाकू में सबसे जहरीला पदार्थ निकोटीन होता है। कहते हैं कि एक सिगार में जितना निकोटीन विद्यमान रहता है, उतना अगर किसी व्यक्ति को इंजेक्शन के रूप में दे दिया जाए तो उसकी मृत्यु तुरंत हो जाती है।

सिगरेट के धुएँ से निकलनेवाली कार्बन मोनोऑक्साइड गैस रक्त में विद्यमान ऑक्सीजन को सोखकर मस्तिष्क की ऑक्सीजन आपूर्ति घटा देती है, जिससे मनुष्य की सहन शक्ति कम हो जाती है तथा रक्तवाहिनियों का मार्ग अवरुद्ध होने से हृदय पर दबाव पड़ता है। निकोटीन के अतिरिक्त भी एक हानिकारक पदार्थ चारकोल या टार भी होता है जिसमें कैंसर पैदा करनेवाले रसायन विद्यमान रहते हैं।

इनमें बेंजोपायरीन तथा नाइट्रोसामीन मुख्य हैं।

तंबाकू में विद्यमान हाइड्रोजन साइनाइड, फारमेल्डीहाइड, एकोलीन तथा एसिटलडीहाइड गैसें श्वास में अवरुद्धता लाती हैं।

कड़वे नीम का तेल कितना उपयोगी

यद्यपि नीम का स्वाद कड़वा होता है परंतु यह गुणों से परिपूर्ण है। नीम की निंबोलियों में भी अन्य बीजीय तेलों की भाँति सामान्य ग्लिसराइड होते हैं, परंतु इनमें लिपिडयुक्त पदार्थ भी काफी मात्रा में विद्यमान होते हैं। इन पदार्थों को बिलगाने तथा तेल की दुर्गंध दूर करने के बाद तेल का वनस्पति वसा की भाँति उपयोग किया जा सकता है।

एक अनुमान के अनुसार, हमारे देश में 14,00,000 नीम के वृक्ष हैं, जिनसे प्रतिवर्ष 4,18,633 मीट्रिक टन निंबोलियाँ प्राप्त होती हैं, इससे लगभग 3,000 टन तेल तथा 3,30,000 टन खली प्राप्त होती है।

यद्यपि नीम प्राचीनकाल से ही उपयोगी वृक्ष माना गया है, परंतु आधुनिक अनुसंधानों से इसके विभिन्न भागों से 100 रचक बिलगाए गए हैं, इनमें से 45 रचक जैव वैज्ञानिक रूप से सक्रिय यौगिक हैं। इनमें से 28 से 30 रसायनों में विशेषकर एजेडीरेक्टीन (Azaderactin) में कीटनाशी गुण पाए गए हैं। किसी भी वनस्पति तेल या संश्लेषित पदार्थ की कीटनाशक क्षमता इतनी अधिक नहीं होती है। इस कीटनाशक से प्रदूषण नाममात्र भी नहीं होता है।

यदि नीम के तेल को साबुन उद्योग में उपलब्ध करा दिया जाए तो इससे साबुन बनाने के काम आनेवाले मूँगफली तथा नारियल के तेल की बचत होगी। कीटमुक्ति के लिए नीम की खली भी बहुत उपयोगी होती है।

शुद्ध घी से कैंसर की रोकथाम

वर्षों से चली आ रही घी की स्वास्थ्यवर्धक व दीर्घायु करनेवाली मान्यता को भारतीय वैज्ञानिकों ने ठोस वैज्ञानिक आधार प्रदान किया है। आनंद (गुजरात) स्थित ग्रामीण प्रबंध संस्थान के वैज्ञानिकों ने घी में कैंसर रोग की रोकथाम व उपचार करने के गुण को अपने परीक्षणों से सिद्ध कर दिया है।

कंजुगेटेड (Conjugated) लीनोलेनिक नामक वसा अम्ल में कैंसर रोग को रोकने की क्षमता होती है। शुद्ध घी में इस अम्ल की उपस्थिति प्रचुर मात्रा में होती है। मूलतः यह अम्ल दूध में स्थित वसा में पाया जाता है। परंतु दूध से दही बनने की प्रक्रिया तथा मक्खन को अधिक मात्रा में गरम करने से इसकी मात्रा इस प्रकार प्राप्त घी में बढ़ जाती है।

परीक्षणों से यह भी सिद्ध हो चुका है कि दही से घी बनाने की पुरानी विधि से प्राप्त घी आधुनिक डेरियों द्वारा प्राप्त घी से अधिक पौष्टिक व ओषधि गुणयुक्त होता है। इसका कारण भी उसमें अधिक कंजुगेटेड लीनोलैनिक अम्ल की उपस्थिति है।

आयोडीन की कमी का कहर

आयोडीन एक ऐसा प्राकृतिक तत्त्व है जो हमारे शरीर की अनेकानेक जैविक क्रियाओं के लिए नितांत आवश्यक है। स्वास्थ्य वैज्ञानिकों के अनुसार हमारे दैनिक आहार में इस तत्त्व की कमी अनेक शारीरिक विकारों को जन्म देती है। इसकी अल्पता से होनेवाले अनेक विकारों में सबसे जाना माना विकार है—घेंघा या गलगंड (ग्वायटर)। इसमें गले की ग्रंथि सूजकर इतनी बड़ी हो जाती है कि चेहरा

भयानक लगता है।

आयोडीन की कमी को दूर करने के लिए आयोडीनयुक्त नमक का सेवन एक प्रभावी उपाय है। आयोडीनयुक्त नमक का सेवन किसी भी अवधि के लिए सर्वथा सुरक्षित है।

आयोडीन अल्पता की दशा में शारीरिक बौनापन एवं अन्य विकृतियाँ जैसे हाथ-पैर का टेढ़ा-मेढ़ा हो जाना, चेहरे का आकार कुरूप हो जाना आदि हो जाते हैं।

महिलाओं की नई 'सहेली'

भारतीय महिलाओं के लिए रसायनों से बनी पहली बगैर स्टेरायडल तथा गैर हारमोनल गर्भनिरोधक गोली, जिसे सप्ताह में केवल एक बार खाना पड़ता है, वैज्ञानिक तथा औद्योगिक अनुसंधान परिषद् के एक प्रमुख अनुसंधान संगठन, केंद्रीय ओषधि अनुसंधान संस्थान ने विकसित की है।

उत्तर भारत में 'सहेली' तथा दक्षिण भारत में 'च्वाइस-सेवन' के व्यापारिक नाम से बेची तथा वैज्ञानिक नाम 'सेंटक्रोमेन' से जानी जानेवाली विशिष्ट किस्म की यह गर्भ निरोधक गोली कैंसरकारी दुष्प्रभाव तो उत्पन्न नहीं करती वरन् छाती के कई तरह के कैंसर के निदान में उपयोगी है। यह गोली दोनों तरह की परंपरागत स्टेरायडल तथा हारमोनल गर्भ निरोधक गोलियों, ओस्ट्रोजेन तथा प्रोजेस्ट्रॉन के विपरीत निषेचित डिंब को गर्भाशय के संपर्क में आने से रोककर गर्भधारण नहीं होने देती है।

सेंटक्रोमैन का संश्लेषण रेसोसिनोल नामक रसायन से किया जाता है, इसके संश्लेषण के दौरान मुश्किल से दस प्रतिशत आयातित रसायनों का प्रयोग होता है। इसका प्रथम बार संश्लेषण हमारे देश के केंद्रीय ओषधि अनुसंधान संगठन के वैज्ञानिकों ने किया है। हमारी भारत सरकार के ओषधि नियंत्रक ने इस नई गोली की बिक्री की स्वीकृति प्रदान कर दी है।

मच्छर प्रतिकारक कितने सुरक्षित?

लंबे समय तक किसी भी कीटाणुनाशक ओषधि का प्रयोग किया जाए तो वह घातक सिद्ध हो सकती है। यही हाल मच्छर के प्रतिकारकों का है। बाजार में मच्छर प्रतिकारक विभिन्न रूपों में, विभिन्न नामों से बेचे जाते हैं। यथा—क्रीम

(ऑडोमास), द्रव (मायलोल), क्वाएल (कछुआ छाप अगरबत्ती) तथा टिकिया (गुडनाइट)।

पांडिचेरी स्थित वेक्टर कंट्रोल रिसर्च सेंटर के अध्ययन के अनुसार 'क्वाएल' तथा मैट प्रतिकारकों में बायोएलेथ्रिन जैसे पाइरिथ्रोइड वर्ग के कीटाणुनाशक होते हैं। यह आभास किया गया है कि इन प्रतिकारकों का कम समय के लिए प्रयोग करने पर कीटाणुनाशक रसायन की मात्रा कमरे के वातावरण में घातक खुराक (LD 50) से कम पाई गई है। परंतु यह भी प्रेक्षित किया जा चुका है कि इन प्रतिकारकों के दीर्घावधि प्रयोग से तथा इनके धुएँ में लंबे समय तक श्वास लेने पर स्नायुतंत्रों को हानि पहुँचती है तथा इनसे बेहोशी भी देखी गई है। अत: मच्छर प्रतिकारकों का अत्यल्प समय के लिए प्रयोग करना ही श्रेयस्कर रहता है।

रास्ते की पहचान में रसायन का हाथ

चींटी एवं अनेक जीव-जंतुओं के शरीर से एक प्रकार का रासायनिक पदार्थ निकलता है, जिसे फीरोमोन (Pheromone) कहते हैं। चींटियाँ जिस रास्ते से जाती हैं उस रास्ते पर फीरोमोन छोड़ती जाती हैं ताकि भोजन आदि की तलाश के पश्चात् लौटते समय वह फीरोमोन की गंध के सहारे बिना भटके अपने बिलों में पहुँच सकें।

फीरोमोन की गंध उन्हें दिशा संबंधी सूचना प्रदान करती है। ऐसा करने से न केवल चींटी उसी रास्ते से वापस लौटती है जिस रास्ते से वह जाती है, वरन् समूह की अन्य चींटियाँ भी इस दिशा संबंधी सूचना के सहारे उसी रास्ते से भोजन तक पहुँचती हैं तथा सभी मिलकर भोजन को बिल में ले जाती हैं। इस प्रकार रसायन की सहायता से रास्ते की पहचान हो जाती है।

बकी बॉल का नया सितारा

वर्ष 1990 के श्रेष्ठ अणु (Molecule of the year) की पदवी से सुशोभित कार्बन के तीसरे अपरूप (एलोट्रोप) फुलरीन की जानकारी वैज्ञानिकों को अकस्मात् ही लगी। ब्रिटेन के ससेक्स विश्वविद्यालय के डॉ. हैरीक्रोटो तथा अमेरिका के राइस विश्वविद्यालय के डॉ. रिसर्ड स्माल ने इस 'सुपर मॉलीक्यूल' का विस्तृत अध्ययन करके इसे कार्बन की एक अद्‌भुत गेंद की तरह पाया।

फुलरीन या फुटबॉलीन, सोकेरीन, कार्बोसोकर, बकमिंस्टर या बकी बॉल में 60 एक समान कार्बन के मौलिक परमाणु होते हैं। कार्बन के अतिरिक्त इसमें कुछ भी नहीं होता है। जब 60 कार्बन परमाणु आपस में मिलकर 32 मुखी फुटबॉलनुमा आकार का फुलरीन अणु बनाते हैं उस समय ऐसे आकार में 12 पंचभुज व 20 षट्भुज आकृतियाँ होती हैं। फुलरीन की आकृति दो एक साथ रखे भू-गणितीय (जियोडेसिक) गुंबजों से भी मिलती है। इसी कारण से इसका नाम बकमिंस्टर फुलर के नाम से बकमिंस्टर फुलरीन या बकी बॉल रखा गया। आज वैज्ञानिकों ने इसके निर्माण को सहज बना लिया है।

वैज्ञानिकों का मानना है कि जहाँ भी धुएँ की लौ उत्पन्न होती है वहाँ फुलरीन प्रचुर मात्रा में बनती है। क्रोटो तथा डॉ. स्माल के अनुसार मोमबत्ती की लौ फुलरीन की सर्वमान्य फैक्टरी है।

फुलरीन का उपयोग—269° से. से ऊपर काम करनेवाले विद्युत् सुपरचालक के रूप में किया जा रहा है। अमेरिकी वैज्ञानिकों ने इससे 19.3 केल्विन पर कार्य करनेवाले सुपरचालक तैयार किए हैं। ये अणु 'मॉलीक्यूल लुब्रिकेट' के रूप में काम में लिये जा सकते हैं तथा इनसे नए-नए विविध रसायन, ओषधियाँ तथा द्रव्य भी बनते हैं।

हाल ही में जापान के सूमीओ ईजीम ने कार्बन की एक खोखली नली की खोज की है। ये माइक्रोमीटर लंबी खोखली आकृतियाँ, जिनका व्यास नैनोमीटर में होता है, कार्बन नैनोट्यूबें या बकी ट्यूबें कहलाती हैं। इसमें दो या दो से अधिक षट्कोण ग्रेफाइट के टुकड़े आपस में नली की आकृति में लिपटे रहते हैं। वैज्ञानिकों का अनुमान है कि इन नैनोट्यूबों से नैनोमीटर स्तरीय विभिन्न इलैक्ट्रोनिक युक्तियाँ बनाई जा सकेंगी।

हँसाने तथा रुलानेवाली गैस

यह हँसानेवाली नाइट्रस ऑक्साइड गैस होती है। जब कोई व्यक्ति अधिक मात्रा में इस गैस को सूँघ लेता है तो वह उत्तेजित होकर जोर से हँसने लगता है, इसलिए इसे लॉफिंग गैस (Laughing Gas) कहते हैं। यह गैस दरअसल रक्त में मिलकर मस्तिष्क के हँसी केंद्र को उत्तेजित करती है। इसका असर भी बहुत शीघ्र होता है तथा थोड़ी देर में ही समाप्त हो जाता है। अधिक मात्रा में सूँघने से कभी-कभी हलका हिस्टीरिया का दौरा भी इससे पड़ जाता है।

नाइट्रस ऑक्साइड का आविष्कार ब्रिटेन के जोसफ प्रीस्टले ने वर्ष 1772 में किया था। वर्ष 1844 में हेरेस वाल्स ने इसे सर्वप्रथम निश्चेतक के रूप में प्रयोग किया तथा इसके असर से उसने बिना दर्द महसूस किए अपना दाँत निकाला था। यह निश्चेतक के रूप में भी प्रयोग में लाई जाती है। इस गैस का प्रभाव प्रत्येक जीव पर अलग-अलग होता है।

आपने सुना होगा कि पुलिस कानून व्यवस्था बनाए रखने हेतु अनियंत्रित भीड़ पर एक गैस छोड़ती है, जिससे लोगों की आँखों में आँसू आते हैं और लोग तितर-बितर हो जाते हैं। अत: ऐसी कौनसी गैस होती है जो रुला भी सकती है।

अश्रु गैस हैलोजनीकृत कार्बनिक यौगिक (नाइट्रिल ब्रोमाइड तथा एथिल आयोडोएसिटेट) होते हैं, जिससे आँखों में जलन होती है, फलत: आँखों में से आँसू बहने लगते हैं तथा थोड़ी देर पश्चात् कुछ भी दिखाई नहीं देता है। प्राय: इसका उपयोग पुलिस द्वारा भीड़ को तितर-बितर करने के लिए या युद्ध के दौरान किया जाता है।

पौधों की हरियाली और नागरी अंक '१'

प्राकृतिक हरियाली का किसी भी स्थान को रमणीक बनाने में बहुत योगदान होता है। पौधों को हरा-भरा बनाने में क्लोरोफिल नामक रसायन का महत्त्वपूर्ण योगदान होता है। पौधे के जिस अंग की कोशिकाओं में जितनी अधिक मात्रा में क्लोरोफिल विद्यमान रहता है, वह अंग उतना ही हरा दिखाई देता है। पौधों द्वारा कार्बन डाइऑक्साइड तथा पानी जैसे सरल पदार्थों से प्रकाश संश्लेषण क्रिया द्वारा जटिल पदार्थों के निर्माण में क्लोरोफिल की महत्ता को सर्वप्रथम ड्यट्रोचेट तथा सेक्रस ने उजागर किया था।

क्लोरोफिल का रासायनिक नाम मैग्नीशियम डाइहाइड्रो पोरफेरिन है। इसकी रासायनिक संरचना देवनागरी के अंक '१' के समान होती है जिसके ऊपरी, समचक्रिक वलयनुमा भाग के मध्य में एक मैग्नीशियम परमाणु होता है। इसके इर्द-गिर्द चार पाइराल समूह स्थित होते हैं। मैग्नीशियम परमाणु इन समूहों के नाइट्रोजन परमाणुओं से बंधित होता है। समस्त हरे पेड़-पौधे प्रकाश संश्लेषण-क्रिया के अंतर्गत क्लोरोफिल की सहायता से अपने शरीर के लिए पोषक भोज्य पदार्थों का स्वयं उत्पादन करते हैं। अत: इन्हें स्वपोषित माना जाता है। पेड़-पौधों में क्लोरोफिल के 5 मिलते-जुलते प्रकार हैं जिनमें क्लोरोफिल 'ए' सभी हरे पादपों में मिलता है।

मीथेन का ग्रीन हाउस प्रभाव

जब सूर्य की किरणें पृथ्वी के वातावरण में प्रवेश करती हैं तो कार्बन डाइऑक्साइड, मीथेन, नाइट्रोजन के ऑक्साइड, क्लोरोफ्लोरोकार्बन आदि गैसें काँचवाले पौधाघरों की तरह कार्य करती हैं, यानी ये गैसें सूर्य की किरणों को पृथ्वी तक पहुँचने तो देती हैं, परंतु टकराकर वापस ऊपर जानेवाली ऊष्मा की कुछ मात्रा को अवशोषित कर लेती हैं। इससे पृथ्वी सामान्य रूप से गुनगुनी रहती है तथा इसे 'ग्रीन हाउस प्रभाव' (Green House Effect) कहा जाता है।

अनियमित औद्योगिक विकास तथा तीव्रगति से हो रहे वनों के विनाश ने संपूर्ण विश्व के समक्ष 'ग्रीन हाउस प्रभाव' की समस्या उत्पन्न कर दी है। ग्रीन हाउस प्रभाव का प्रमुख कारण कार्बन डाइऑक्साइड, मीथेन, नाइट्रोजन के ऑक्साइड तथा क्लोरोफ्लोरोकार्बन आदि गैसें हैं। एक किलोग्राम कार्बन डाइऑक्साइड गैस वायुमंडल में सौ वर्ष तक रहने पर जितनी गरमी उत्पन्न करेगी, उसे इसकी धरती को गरम करने की क्षमता मानकर एक इकाई माना जाए तो उसकी तुलना में मीथेन की इतनी ही मात्रा 21 गुना अधिक गरमी उत्पन्न करती है।

वर्ष 1990 तक मीथेन बढ़ने की दर 1720 भाग तक पहुँच गई है, जो पर्यावरण के लिए खतरा है। मीथेन उत्पादन के कई स्रोत हैं—पशु, कृषि, प्राकृतिक गैस तथा जैवीय पदार्थों का सड़ना व जलना।

जहाज जो बिना पानी के चलता है

ऊँट का कूबड़ उसकी एक विशिष्ट रचना हैं। यह शंकु के आकार का कूबड़ मुख्यतया वसा का बना होता है। कूबड़ में वसा के रूप में भोजन की अतिरिक्त मात्रा संचित रहती है। भोजन की कमी के दौरान ऊँट का शारीरिक क्रिया तंत्र इस संचित वसा का प्रयोग करता है। इस कूबड़ का एक और महत्त्वपूर्ण कार्य पानी की कमी की पूर्ति करना भी है। प्रारंभ में यह धारणा थी कि ऊँट की रोमांथिका या प्रथम आमाशय की थैली में पानी संचित रहता है, जिसे आवश्यकता पड़ने पर ऊँट काम में लेता है।

आधुनिक अनुसंधानों द्वारा विदित हुआ है कि रोमांथिका का द्रव वस्तुतः पानी नहीं होता है, वरन् एक प्रकार का तरल पदार्थ होता है। यह पाचक रसों के समान होता है। अब यह स्पष्ट हो चुका है कि पानी की कमी होने पर ऊँट के कूबड़ में संचित वसा के ऑक्सीकरण से पानी की कमी की पूर्ति होती है। ऊँट की पूर्व परंपरा में कूबड़ बहुत बाद में प्रकट हुआ है। अतः यह विश्वास किया जाता है कि रेगिस्तानी क्षेत्रों में भोजन व पानी की कमी से बचने के लिए विकासक्रम के अनुसार ऊँट में कूबड़ का विकास हुआ है तथा यह मरुस्थलीय जहाज बगैर पानी के भी चलता रहता है।

पौधों से पेट्रोल

हम अपने खनिज तेल के भंडारों का जितनी तेजी से प्रयोग कर रहे हैं उससे निकट भविष्य में ही उनके समाप्त हो जाने की पूरी संभावना है। अतः वैज्ञानिक जहाँ एक ओर पेट्रोलियम के नए भंडार खोज रहे हैं, वहीं दूसरी ओर इसके विकल्प ढूँढ़ने के प्रयत्न भी कर रहे हैं। साथ ही वे पेट्रोलियम सदृश पदार्थों के, जो वाहनों,

उद्योगों आदि में पेट्रोलियम की भाँति प्रयोग किए जा सकते हैं, स्रोत ज्ञात करने के प्रयास भी कर रहे हैं।

इस प्रयास के फलस्वरूप ही कई ऐसे पौधों का पता चला है जिनमें पेट्रोलियम; जैसे—हाइड्रोकार्बन, काफी मात्रा में उपस्थित होते हैं। आवृतबीजी पौधे; यथा—यूफोर्बिया लेथाइरस (Euphorbia lathyrus), यूफोर्बिया तिरुकैलाई (Euphorbia tirucalai) तथा कैलोट्रोफिस प्रोसेरा (Calotrophis procera) आदि ऐसे ही पौधे हैं। इन पौधों के अतिरिक्त कुछ शैवाल—बोट्रयोकोकस ब्राउनी तथा क्लोरेला पायरो नायडोसा भी हाइड्रोकार्बन के संभावित स्रोत हैं।

इन सभी पौधों से तरल हाइड्रोकार्बन प्राप्त होते हैं, जिनकी रासायनिक संरचना पेट्रोलियम हाइड्रोकार्बन के समान होती है। अत: ऐसे हाइड्रोकार्बनों को आसानी से पेट्रोलियम में बदला जा सकता है। इसीलिए इस तरह के पौधों को 'पेट्रो-पौधे' (Petro-plants) कह सकते हैं। यदि पेट्रो-पौधों की फसल को गन्ने की तरह काटकर उपयोग में लाया जाए तो हाइड्रोकार्बन की फसल खाद्य फसलों की तरह उपयोगी हो सकती है।

बिना रँगे लाल रंग

जब ईंट तथा मिट्टी के बरतनों को पकाया जाता है तो उनका रंग लाल हो जाता है। ऐसा इसलिए होता है कि ईंट या मिट्टी के बरतनों को बनाने में प्रयुक्त मिट्टी में अन्य पदार्थों के साथ-साथ लोहे के यौगिक भी होते हैं। जब ईंट या बरतनों को आग में पकाया जाता है तब आयरन यौगिक आयरन ऑक्साइड में परिवर्तित हो जाते हैं।

इस आयरन ऑक्साइड का रंग हलका भूरा होता है तथा सिलिका के साथ मिट्टी में मिले अन्य यौगिकों के साथ क्रिया करने पर बरतन या ईंट का रंग लाल हो जाता है।

पानी : अग्निशामक तथा अग्निकारक

आपको पानी के विलक्षण गुणों के बारे में कुछ तो जानकारी होगी ही। ऐसी ही एक और विचित्रता देखने को मिलती है जब पानी जलते हुए एल्कोहल को बुझा देता है, परंतु जलते हुए पेट्रोल को नहीं बुझा सकता। ऐसा इसलिए होता है कि पेट्रोल व एल्कोहल यद्यपि दोनों हाइड्रोकार्बन के मिश्रण होते हैं, परंतु इन दोनों के घनत्व में बहुत अंतर होता है।

पेट्रोल का घनत्व पानी से बहुत कम होता है, अतः जब जलते हुए पेट्रोल पर पानी डाला जाता है तो पेट्रोल पानी के ऊपर एक तह बना लेता है तथा लगातार जलता रहता है। पानी तथा पेट्रोल की तहों को अलग-अलग देखा जा सकता है।

एल्कोहल पानी में घुलनशील होने के कारण एल्कोहल में पानी डालने पर एल्कोहल का सांद्रण कम हो जाता है, जिससे उसकी जलने की क्षमता भी कम हो जाती है तथा अधिक पानी डालकर एल्कोहल में लगी आग को बुझाया जा सकता है।

गुब्बारे की गैस भी हलकी

मनुष्य को अंतरिक्ष यात्रा में जाने से पहले यह जानना आवश्यक था कि वह वायुमंडल तथा अंतरिक्ष में जीवित रहने की संभावनाओं का पता लगाए। इस कार्य को संपन्न करने के दो ही माध्यम थे—गैस से भरे हुए गुब्बारों को वायुमंडल में ऊपर भेजना तथा कृत्रिम उपग्रह से अंतरिक्ष की अवस्था का जायजा लेना।

गुब्बारे पर्यावरण नियंत्रण, मौसम विज्ञान, हवाई फोटोग्राफी तथा संचार के लिए बहुत उपयोगी होते हैं। गुब्बारों के निर्माण में कृत्रिम धागे; जैसे—नाइलोन, डेक्रोन इत्यादि, का उपयोग होता है तथा इनको भरने हेतु जो गैस प्रयुक्त होती है वह हाइड्रोजन से भी हलकी होती है। यह निष्क्रिय गैस हीलियम है। इससे किसी भी प्रकार का विस्फोट होने का खतरा नहीं रहता है।

आहार ही नहीं अब तेल भी

फ्रांसीसी वैज्ञानिकों ने सूरजमुखी की नई किस्म के पौधों से एक ऐसा तेल निकाला है जिसका संघटन संतुलित आहार के लिए अत्युत्तम है। यह तेल वरणात्मक विधि से प्राप्त किया गया है तथा इसका व्यापारिक नाम 'ऑलिसॉल' (Olesol) रखा गया है, क्योंकि इस तेल का ऑलिक अम्ल अंश 60-80 प्रतिशत है जो पारंपरिक रूप से मिलनेवाले सूरजमुखी के तेल से 20-25 प्रतिशत अधिक है।

इस तेल की मुख्य विशेषता यह है कि इसमें संतृप्त वसा अम्ल 12 प्रतिशत से कम ही है। इस तेल का अन्य रचक 'लिनोलीक अम्ल' है, जो पोषण के लिए अत्यावश्यक है। अनुसंधानवेत्ताओं के अनुसार यह तेल रक्तचाप तथा हृदय रोगियों के लिए बहुत लाभदायक सिद्ध हुआ है।

रसायन की देन : टॉर्चों के रूप में पौधे

हो सकता है कि वह समय अब शीघ्र ही आ जाए जब अँधेरी रात में हाथ में टार्च लेकर चलने की बजाय आप एक पौधा लेकर चलें तथा वह प्रकाश देता हुआ आपको रास्ता दिखाए।

गरमियों की ठंडी, अँधेरी रातों में जुगनू के टिमटिमाते प्रकाश को देखकर जापानी वैज्ञानिकों ने इस प्रकाश देनेवाली 'जीन' का प्रतिरोपण करने में सफलता अर्जित की है। कैलिफोर्निया के वैज्ञानिकों ने तो जुगनू में चमक पैदा करनेवाली प्रणाली की जीन को पौधों में सफलतापूर्वक प्रतिरोपित करके कमाल ही कर दिया है। यह जीन तंबाकू के पौधे में प्रतिरोपित की गई है। इसके पश्चात् इस पौधे को 'ल्यूसिफेरिन' कार्बनिक अणु के घोल से सींचा गया। जब ल्यूसिफेरिन एक एंजाइम ल्यूसिफेरेज की उपस्थिति

में पौधे की कोशिकाओं में पाए जानेवाले अणुओं से संयोग करता है तो पौधों से प्रकाश की हरे-पीले रंग की रोशनी निकलने लगती है।

अमेरिका में तो जुगनुओं की चमक पैदा करनेवाली प्रणाली का उपयोग करके रोगी मानव के मूत्र में उपस्थित हानिकारक जीवाणुओं की उपस्थिति का पता लगाने के लिए उपकरणों का विकास कर लिया गया है।

इस तकनीक में जब रोगी के मूत्र में ल्यूसिफेरिन तथा ल्यूसिफेरेज रसायनों को मिलाया जाता है, तो उसमें से आनेवाले प्रकाश को देखकर चिकित्सक आसानी से रोगी के मूत्र में जीवाणु की उपस्थिति के प्रतिशत का अंदाज लगा लेते हैं।

कुछ बोतलें रंगीन क्यों?

अधिकांश दवाइयाँ तथा रसायन ऊष्मा तथा प्रकाश से दूर रखे जाते हैं, क्योंकि वे ऐसे रसायनों के मिश्रण से बने होते हैं जो प्रकाश तथा ऊष्मा से विघटित होते हैं। विघटित होने पर उक्त दवाई का कोई भेषज गुण नहीं बचता है। कभी-कभी तो विघटित होने पर दवाई हानिकारक भी हो जाती है, क्योंकि प्रकाश-रासायनिक क्रिया (Photo Chemical Reaction) से प्रभावित होने पर मूल रासायनिक यौगिक अपना अस्तित्व खो देते हैं।

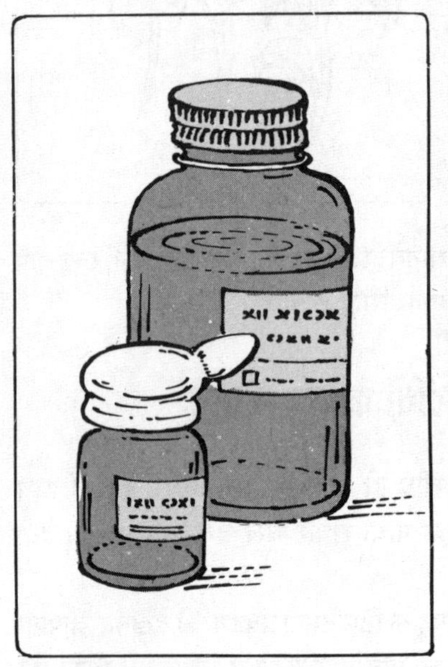

अतः ऐसी अवस्था से बचने के लिए दवाइयों को ठंडे व अँधेरेवाले स्थानों पर रखने के लिए कहा जाता है। यही नहीं, ऐसी दवाइयाँ तथा रसायनों को गहरे रंग की रंगीन बोतलों में भी भरा जाता है क्योंकि रंगीन होने के कारण सूर्य प्रकाश के विकिरण अवशोषित नहीं हो पाते।

करिश्मे हारमोनों के

आपने देखा होगा कि कोई व्यक्ति बहुत बौना होता है, कोई 40 वर्ष का व्यक्ति मात्र 2 फीट लंबा तो कोई बहुत अधिक लंबा, किसी औरत के मूँछें, तो किसी पुरुष की स्त्रीगत आवाज। ये है विचित्र विडंबना। भाई! इन सभी पर हँसिए नहीं। ये ही तो हैं हारमोनों के करिश्मे।

हारमोन हमारे शरीर में अंत:स्रावी ग्रंथियों द्वारा बनाए जाते हैं। इन ग्रंथियों द्वारा किया गया रिसाव कोशिकाओं की कार्यपद्धति को प्रभावित करता है। वस्तुत: हारमोन शब्द ग्रीक भाषा के शब्द 'हारमोओ' से लिया गया है, जिसका अर्थ है—'मैं उत्तेजित हूँ'।

वास्तव में हारमोन रासायनिक संदेशवाहक की तरह कार्य करते हैं। अंत:स्रावी ग्रंथियाँ शरीर के विभिन्न भागों में स्थित होती हैं। हमारे शरीर में बननेवाले कुछ महत्त्वपूर्ण हारमोन हैं—एड्रिनल, थायराइड, पैराथायराइड, यौन अवयवों संबंधी, अन्ननली के हारमोन तथा आमाशय के हारमोन।

थायराइड ग्रंथि शरीर के विकास, परिवर्तन तथा चयापचय की क्रिया का संचालन करती हैं। पुरुषों तथा महिलाओं के यौन अवयवों के हारमोन—टेस्टोइस्टेरान तथा एस्ट्रोजन बहुत महत्त्वपूर्ण होते हैं तथा पूरे शरीर को प्रभावित करते हैं। कभी-कभी पुरुषों में भी एस्ट्रोजन की मात्रा बढ़ जाती है जिससे उनमें भी स्त्रीगत लक्षण दिखाई देते हैं विशेषकर आवाज आदि में। इसके विपरीत स्त्रियों में भी टेस्टोइस्टेरान की मात्रा बढ़ने पर दाढ़ी-मूँछें आ जाती हैं।

मनुष्य के अतिरिक्त पौधों में भी अनेक जैव क्रियाओं; यथा—अंकुरण, वृद्धि, फूलों तथा फलों का लगना तथा नियमन व नियंत्रण हारमोनों के द्वारा ही होता है। ये पाँच प्रमुख वर्ग के होते हैं—ऑक्सिन, जिबरेलीन, साइटोकाइनिन, एबसिसिक अम्ल तथा इथाइलीन।

आग की गरमी

आग से सभी को काम पड़ता है। हमारे जन्म से मृत्यु तक इसके बिना कार्य असंभव हो जाते हैं। आखिर आग गरम क्यों होती है?

आग अनिवार्यतः एक रासायनिक अभिक्रिया है, जिसमें ईंधन के यौगिक, ऑक्सीजन या अन्य ऑक्सीकारकों के साथ अभिक्रिया करके ऑक्सीकृत होते हैं।

ऑक्सीकरण एक ऊष्माक्षेपी (Exothermic) अभिक्रिया है, जिसमें ईंधन के यौगिकों के विघटित होने पर प्रचुर मात्रा में ऊर्जा मुक्त होती है जो पुनः संयोग (Recombination) अभिक्रिया में बिना उपयोग हुए रहती है। मुक्त ऊर्जा की यही प्रचुर मात्रा प्रकाश व ऊष्मा के रूप में विकिरित होती है। इसी ऊष्मा के कारण आग गरम होती है।

गंजापन क्यों?

पुरुषों में गंजापन आमतौर पर वंशानुगत होता है। इसका संबंध पुरुषों के लैंगिक हारमोन एंड्रोजन से होता है। इस हारमोन को बालों की बढ़ती हुई नोक को छोटा करने का कारण समझा जाता है। इसके द्वारा खोपड़ी पर उगनेवाले बाल अंततः इतने छोटे तथा बारीक हो जाते हैं जिससे खोपड़ी बालरहित-सी दिखाई देने लगती है।

महिलाओं के सिर के बालों में कमी उनके बहुत कसकर बाँधने की शैली, बालों का गलत उपचार तथा रजोनिवृत्ति पर होनेवाले हारमोन संबंधी परिवर्तनों से हो सकती है। कुछ संक्रमणों से भी सिर के कुछ हिस्से से बाल उड़ सकते हैं। शारीरिक तथा मानसिक दबाव एवं तनाव से भी गंजापन हो सकता है। परंतु यह

स्थायी नहीं हो सकता है। रासायनिक एवं कैंसर की चिकित्सा-पद्धति से भी अस्थायी गंजापन हो सकता है। अतः, भाई! गंजों का मजाक न उड़ाएँ।

करिश्मा पी.एच. का

हमारे शरीर में अनेक रासायनिक क्रियाएँ केवल एक निश्चित हाइड्रोजन आयन सांद्रता पर ही होती हैं। इसी प्रकार विभिन्न जैव-रासायनिक क्रियाओं के लिए भी एक निश्चित हाइड्रोजन आयन सांद्रता अनिवार्य होती है। वैज्ञानिक अनुसंधानों से निष्कर्ष निकाला गया है कि जीवों के स्वस्थ रहने के लिए उनके शारीरिक द्रवों में हाइड्रोजन आयनों की सांद्रता का स्थिर बना रहना अति आवश्यक है।

वैज्ञानिक पी.एच. मान द्वारा हाइड्रोजन तथा हाइड्रोक्सी आयन को अभिव्यक्त करते हैं। वस्तुतः यह एक स्केल होती है जिसमें 0 से 14 तक संख्या अंकित होती है। हमारे शरीर में धमनीय रक्त का पी.एच. मान 7.4 होता है। ऊतक द्रवों का पी.एच. मान 7.3 से 7.4 तथा कोशिकीय द्रव का पी.एच. प्रायः 7.1 होता है। हमारे शरीर के लिए रक्त के पी.एच. का स्थिर बना रहना बहुत आवश्यक होता है। सामान्यतया यह कार्य शरीर के उत्सर्जन-तंत्र, श्वसन-तंत्र तथा सम-अवस्थापक व्यवस्था द्वारा किया जाता है।

जब रक्त में हाइड्रोजन आयनों की सांद्रता अपने निम्नतम क्रांतिक स्तर (35 नैनोमोल प्रति लीटर) से कम होती है तो रक्त में हाइड्रोजन आयनों का अभाव हो जाता है। इस स्थिति को क्षाररक्तता (alkalosis) कहते हैं। इसी प्रकार जब धमनीय रक्त में हाइड्रोजन आयनों की सांद्रता अपने उच्चतम क्रांतिक स्तर (45 नैनोमोल प्रति लीटर) से अधिक हो जाती है तो हाइड्रोजन आयन अवरोधन की स्थिति उत्पन्न हो जाती है, जिसे अम्लरक्तता (Acidosis) कहते हैं।

न केवल मानव शरीर वरन् पी.एच. का बढ़ना मिट्टी व जल के स्वास्थ्य हेतु भी घातक होता है, क्योंकि 8.5 से अधिक मिट्टी व जल का पी.एच. उनमें क्षारीयता जैसे विकार उत्पन्न कर उन्हें अनुपयोगी कर देता है। विभिन्न औद्योगिक उत्पादन में; यथा—चर्म उद्योग, शर्करा, कागज व पल्प इत्यादि में, पी.एच. का महत्त्वपूर्ण योगदान होता है।

वृक्षों से पेट्रोलियम पदार्थ

प्राय: यह देखा गया है कि कुछ पेड़ों की वृद्धि हमारे लिए एक समस्या बन जाती है, जिन्हें हम खरपतवार (Weed) कहते हैं। परंतु इन्हीं खरपतवारों के सही उपयोग से हम बहुत कुछ लाभकारी पदार्थ भी अर्जित कर सकते हैं।

हमारे देश के 'राष्ट्रीय पर्यावरण अभियांत्रिकी शोध संस्थान', नागपुर ने कांग्रेस घास (Parthenium stero phorous) तथा जलकुंभी (Water hyacinth) को जैविकों की मदद से लाभकारी पेट्रोकेमिकल्स में बदलने का प्रशंसनीय कार्य किया है।

इन वृक्षों में प्रचुर मात्रा में सेल्युलोज होता है। इन्हें अकेले ही या केले के तनों के साथ पहले ग्लूकोज में बदला जाता है, फिर किण्वन के द्वारा प्रोपेलीन, ऐसीटोन, इथेनॉल, 2, 3 ब्यूटेनडायोल आदि पदार्थों का निर्माण होता है, जोकि पेट्रोलियम पदार्थ हैं यानी ज्वलनशील है।

इसके अतिरिक्त ये खरपतवार हमें महत्त्वपूर्ण सेल्युलोज एंजाइम भी देते हैं। सेल्युलोज को तरल ग्लूकोज में परिवर्तित करने का प्रमुख केंद्र नीरी (NEERI) है तथा इस तरल ग्लूकोज से पेट्रोकेमिकल्स का उत्पादन होता है।

सावधान! सौंदर्य प्रसाधनों से

सौंदर्य प्रसाधन, त्वचा क्रीम या ओषधीय उत्पाद खरीदें तो उसके ऊपर लगे लेबल को ध्यान से देख लेना चाहिए। इनमें से कुछ में फार्मेल्डीहाइड हो सकता है, जिसे अब कैंसरकारक रसायन के रूप में पहचाना गया है। इसे इसके फार्मेलिन, मीथेनॉल तथा मिथाइल्डीहाइड जैसे व्यापारिक नाम से भी जाना जाता है।

फार्मेल्डीहाइड एक रंगहीन गैस होती है, जिसकी गंध तेज तथा त्रासद होती है। मूलत: इसका उपयोग

कीटाणुनाशक तथा सैप्टिक विरोधी दवाओं के रूप में किया जाता था। यह गैस जल में घुलनशील होती है। वर्तमान में इसका उपयोग शैंपुओं, एंटिसैप्टिक क्रीमों तथा परिरक्षकों में व्यापक रूप से किया जाता है। नाखूनों को सख्त बनानेवाले घोलों तथा स्नानागार में प्रयुक्त होनेवाले पदार्थों में भी इसका उपयोग होता है। सिगरेट के धुएँ में जो घातक तत्त्व होते हैं उनमें भी यह प्रमुख है।

उद्योगों में इस रसायन का उपयोग कपड़ों को सलवटरहित करने, चमड़ा पकाने, प्लाइवुड को आपस में चिपकाने जैसे कार्यों के लिए व्यापक रूप से किया जाता है। इस रसायन के उपयोग की अनुमेय सीमा प्रति दस लाख भाग में 3 पी.पी.एम. है। काफी समय तक इसके संपर्क में आने से श्वासनली में सूजन, खाँसी, दमा, चर्मरोग तथा एलर्जी इत्यादि हो जाते हैं। तो भाई, इन रसायनों से दूर ही क्यों न रहें!

अम्ल वर्षा

वायुमंडल में प्राकृतिक एवं मानवकृत स्रोतों से अनेक प्रकार की गैसें मिलती रहती हैं। ये गैसें वायुमंडल में निष्क्रिय न रहकर तरह-तरह की रासायनिक क्रियाओं में भाग लेती हैं। इनमें से कई गैसें अम्ल उत्पादक होती हैं। ऐसी गैसें वर्षा के समय जल में घुलकर पृथ्वी पर आ जाती हैं। इस वर्षाजल का पी.एच. सामान्य जल से कम होता है। इसे ही अम्ल वर्षा (Acid Rain) कहते हैं।

साधारणतः वायुमंडल में कार्बन डाइऑक्साइड गैस विद्यमान रहती है। यह गैस बड़ी आसानी से पानी में घुलकर कार्बोनिक अम्ल (H_2Co_3) का निर्माण करती है। इस कारण वर्षाजल का पी.एच. सामान्य से कुछ कम 6.5 रहता है। परंतु सल्फर डाइऑक्साइड, सल्फर ट्राइऑक्साइड तथा नाइट्रोजन ऑक्साइड गैसें, जो वायु प्रदूषण के फलस्वरूप वायुमंडल में रहती हैं, वर्षाजल में अवशोषित होकर उसके पी.एच. में और कमी कर देती हैं। इस कारण वर्षा जल अम्ल वर्षा का कारण बनता है।

$$SO_2+H_2O \xrightarrow{[o]} H_2SO_4$$

$$SO_3+H_2O \rightarrow H_2SO_3$$

$$NOx+H_2O \rightarrow HNO_2$$

$$HNO_2 \xrightarrow{[o]} HNO_3$$

हमारे देश में कलकत्ता में होनेवाली अम्ल वर्षा का पी.एच. 5.8, मद्रास में 5.85, दिल्ली में 6.21 तथा मुंबई में 4.8 आँका गया है।

अम्ल वर्षा पौधों, जलजीवों, मृदा, धातुओं तथा इमारतों को बहुत क्षतिग्रस्त करती है। अम्ल वर्षा से ही हमारे देश की भव्य एवं ऐतिहासिक इमारतें—ताजमहल तथा लाल किला—काफी क्षतिग्रस्त हो रही हैं। अम्ल वर्षा से सर्वाधिक क्षति स्वीडन की 20 हजार झीलों को हुई, जिसके कारण वहाँ की सारी मछलियाँ मर गईं।

चबाने पर स्टार्च में भी मिठास

वस्तुतः स्टार्च पौधों का संग्रहित खाद्य पदार्थ है। यह मूलतः एक पॉलीसैकेराइड है, जिसमें रज्जुदार अथवा कुंडलित एमाइलेस तथा शाखावाला एमाइलोपैक्टिन होता है।

वैसे भी किसी भी यौगिक में एक विशेष रूप से जुड़ा रासायनिक समूह ही यह सुनिश्चित करता है कि वह हमारी जीभ को मीठे का अनुभव करानेवाली स्वाद कलिकाओं से संपर्क जोड़ेगा या नहीं। परंतु यदि स्टार्च से परिपूर्ण किसी खाद्य पदार्थ को देर तक चबाया जाए तो एमाइलेस तथा माल्टोज एंजाइम के कारण वह मीठा लगने लगता है। ऐसा इसलिए होता है कि स्टार्च एमाइलेस द्वारा डाइसैकेराइड माल्टोज में टूट जाता है तथा पुनः माल्टोज द्वारा मीठे ग्लूकोज में बदल दिया जाता है।

मृदु जल भी घातक हो सकता है

वैज्ञानिकों के अनुसार, पानी जितना अधिक मृदु होगा, मरनेवालों की दर भी उतनी ही अधिक होगी। इस मृत्यु का कारण होगा दिल की बीमारी।

मनुष्य की कठोरता का पता लगाना तो यद्यपि कठिन है, परंतु पानी की कठोरता का पता चल चुका है। यह जल में विद्यमान कैल्शियम तथा मैग्नीशियम के लवणों की उपस्थिति के कारण होती है। लौह, सीसा, क्रोमियम तथा मालिब्डेनम की मात्रा मृदु तथा कठोर जल में समान होती है।

कठोर जल का स्वभाव कठोर होता है। जब यह नलों में बहता है तो पीछे-पीछे कैल्शियम की सफेद चादर बिछाता जाता है। इसके साथ अन्य तत्त्व भी कभी-कभार आड़ी-तिरछी टिकुली छोड़ देते हैं जिससे पानी का प्रवाह रुक जाता है तथा जब मृदु जल इस नली से गुजरता है तो नली की इन सभी धातुओं को अपने में घोल लेता है।

यही जल पीने के पश्चात् दिल के रोगों का कारण बनता है, इसमें सबसे हानिकारक तत्त्व है—कैडमियम। यह उच्च रक्तचाप तथा दिल की बीमारी का मुख्य कारण है। यह कैडमियम हमारी गलती से भी हमारे शरीर तक पहुँचता है; क्योंकि पानी के पाइपों का निर्माण करते समय जस्ते के साथ कैडमियम भी मिलाया जाता है; जैसे G.I. पाइप में। गेल्वेनाइज्ड पाइप से अम्लीय तरल प्रवाहित करके कैडमियम की विषाक्तता का पता लगाया जा सकता है।

प्लास्टिक के तंतुओं की ही तरह काँच के भी तंतु

काँच तंतु या तंतु काँच आधुनिक युग की एक अभूतपूर्व खोज है, जिसके कारण संचार, प्रौद्योगिकी, चिकित्सा तथा उद्योगों के प्रसार में नए-नए द्वार खुलने की संभावनाएँ बढ़ चुकी हैं।

वस्तुतः काँच तंतु में सिलिका, चूने का पत्थर, सोडा एश तथा बोरेक्स को बिजली की भट्टी में पिघलाते हैं। इन नियंत्रित भट्टियों से पिघला हुआ काँच लगभग 2500° फै. के ताप पर मारबल बनानेवाली मशीनों में बहता है। ये मशीनें 1.55 सें.मी. के लगभग लंबे छोटे काँच के मारबल तैयार करती हैं तथा निरंतर तंतुक प्रक्रिया द्वारा अनिश्चित लंबाईवाले तंतुक तैयार किए जाते हैं। ये काँच तंतु समस्त वस्त्र तंतुओं में सबसे अधिक मजबूत होते हैं तथा ऊष्मा के सुचालक होते हैं।

इनपर विरंजकों का कोई प्रभाव नहीं पड़ता। इन तंतुओं का रंग भी नहीं उड़ता है, न पानी का प्रभाव पड़ता है और न ही ये जलते हैं। इसीलिए तिरपाल तथा परदों में इनका उपयोग होता है।

लाभकारी तथा विनाशकारी धातुएँ

शरीर को स्वस्थ रखने तथा इसकी सुचारु वृद्धि के लिए कुछ धातु लवण बहुत उपयोगी होते हैं। इनमें सोडियम, पोटैशियम, लौह, जस्ता तथा कैल्शियम के लवण मुख्य होते हैं। जबकि कुछ अन्य धातुओं के लवण तथा धातुएँ विष का कार्य भी करती हैं। औद्योगिकीकरण के फलस्वरूप कई धातुओं के कण हवा में मिल जाते हैं तथा कितनी ही धातुओं के कण नदी-नालों तथा समुद्र में पहुँचा दिए जाते हैं। इसी को धातु प्रदूषण कहते हैं।

वैज्ञानिकों ने पाया है कि पारा, सीसा तथा कैडमियम के कण किसी-न-किसी रूप में शरीर में पहुँचने पर हमारे स्वास्थ्य को बहुत नुकसान पहुँचाते हैं तथा कई जानलेवा बीमारियों से ग्रसित कर देते हैं। उदाहरण के तौर पर मोटरगाड़ियों के इंजनों की कार्यक्षमता बढ़ाने के लिए पेट्रोल में सीसा मिले रसायन का प्रयोग होता है। मोटरगाड़ियों द्वारा वातावरण में छोड़ा गया 70

प्रतिशत सीसा समुद्र में चला जाता है तथा उसे प्रदूषित करता है। इसके पूर्व यह वायु को प्रदूषित करता है तथा इसका दुष्प्रभाव जमीन की सतह से एक मीटर के भीतर ही पाया जाता है।

बच्चे पुस्तकों के रंगीन कागजों तथा रँगे हुए खिलौनों को भी मुँह में डाल लिया करते हैं। इससे भी सीसा उनके शरीर में पहुँच जाता है तथा धीरे-धीरे कैल्शियम के स्थान पर जमा हो जाता है।

ताँबा तथा पीतल ऐसे धातु एवं मिश्रित धातु हैं जिनका हमारे घरों में बहुतायत से उपयोग होता है। जब इन धातुओं की अधिकता बच्चों के जिगर में हो जाती है तो वे इंडियन चाइल्डहुड सिरोसिस नामक रोग से ग्रस्त हो जाते हैं; क्योंकि प्रायः कई घरों में बच्चों के दूध अभी भी पीतल के बरतनों में ही गरम किए जाते हैं। जिसके कारण खाद्य पदार्थ संदूषित हो जाते हैं।

इसी प्रकार खनिज धूल के कणों के कारण सिलिकोसिस (Silicosis) का रोग हो जाता है। इस रोग की अधिकता कुम्हार, पत्थर की कटाई करनेवाले मिस्त्रियों, लोहे तथा कोयले के भट्टों पर कार्य करनेवाले मजदूरों में होती है।

सोडियम-पोटैशियम का संतुलन

हमारे शरीर को स्वस्थ रखने के लिए जो आवश्यक तत्त्व होने चाहिए उनमें सोडियम तथा पोटैशियम की अपनी अनोखी महत्ता है। एक वयस्क मनुष्य के शरीर में कुल मिलाकर 100 ग्राम सोडियम तथा 250 ग्राम पोटैशियम विद्यमान रहता है। ये हमारे शारीरिक द्रवों में धनायन के रूप में उपस्थित होते हैं। साधारणतया आहार के साथ हमें प्रतिदिन 4 से 5 ग्राम सोडियम एवं 2 से 5 ग्राम पोटैशियम प्राप्त होता है। हमारे शरीर से भी प्रतिदिन मूत्र तथा पसीने के रूप में इनकी मात्रा निकलती है, जिसके कारण इनका संतुलन बना रहता है।

शरीर में सोडियम-पोटैशियम के प्रमुख कार्य बाह्य कोशिकीय द्रव के रसाकर्षण दाब को स्थिर बनाए रखना, अम्लीय-क्षारीय संतुलन को स्थिर रखना तथा एंजाइमों की सक्रियता बनाए रखना इत्यादि होते हैं।

हमारे शरीर में कुछ बीमारियों के कारण सोडियम तथा पोटैशियम आयनों में

कमी आ जाती है। गरमियों में अत्यधिक पसीने, अत्यधिक उलटी-दस्त होने की स्थिति में तथा अधिक दिन तक नमकरहित भोजन करने से सोडियम-पोटैशियम का अभाव हो जाता है; जिससे गुर्दों पर विपरीत असर पड़ता है। इनके उपचार हेतु सोडियम अथवा पोटैशियम लवणों को मुँह अथवा अंत:शिरा इंजेक्शन द्वारा शरीर में पहुँचाया जाता है।

फोटोग्राफी का रहस्य

फोटोग्राफी तथा प्रकाश-संश्लेषण में प्रकाश रसायन की महती भूमिका देखी गई है। सामान्य फोटोग्राफी में सिल्वर हैलाइडों पर प्रकाश क्रिया का उपयोग किया जाता है। इसी तरह आजकल रंगीन फोटोग्राफी का भी प्रचलन है।

रंगीन फिल्म अनेक सिल्वर लवणों के इमल्सनों से बनती है। इनमें से प्रत्येक इमल्सन एक प्राथमिक रंग के प्रति संवेदनशील होता है। कोई भी रंग तीन प्राथमिक रंगों—लाल, हरा तथा नीला; में टूट जाता है। प्रथम इमल्सन नीले प्रकाश के प्रति संवेदनशील होता है। द्वितीय इमल्सन हरे प्रकाश के प्रति तथा तीसरा लाल के प्रति संवदेनशील होता है। इस तरह हर इमल्सन प्रकाश के किसी रंग को ग्रहण करता है तथा यही रंगीन फोटोग्राफी का रहस्य है।

मूत्र में शर्करा

मूत्र में शर्कराजन्य रोग मधुमेह एक विश्वव्यापी समस्या है तथा विकसित एवं विकासशील सभी देशों में इसका प्रकोप है। हमारे देश में पाँचवीं शताब्दी के चिकित्सा विज्ञानी सुश्रुत ने भी ऐसी ही स्थिति का वर्णन किया था, जिसमें व्यक्ति का मूत्र मीठा

हो जाता है। उन्होंने इस स्थिति को मधुमेह (Diabetes) नाम दिया था।

इस रोग में मूत्र में शक्कर नहीं मिलाई जाती है वरन् इंसुलिन नामक हारमोन के उत्पादन में बाधा अथवा इसकी क्रिया में व्यवधान उपस्थित हो जाने के कारण रक्त में शर्करा का स्तर बढ़ जाता है। प्रत्येक लैंगरहैंस आइलेट में लगभग 3000 बीटा कोशिकाएँ होती हैं जो इंसुलिन तैयार करती हैं। आइलेट में अल्फा कोशिकाएँ भी होती हैं जो ग्लूकेगॉन हारमोन उत्पन्न करती हैं। रक्त में ग्लूकोज का स्तर बढ़ने से इंसुलिन संश्लेषण की प्रक्रिया प्रेरित होती है। इंसुलिन का प्रमुख कार्य शरीर के प्रमुख ऊर्जा स्रोत ग्लूकोज को रक्त के द्वारा उन कोशिकाओं को पहुँचाना होता है जहाँ उसकी आवश्यकता होती है।

इंसुलिन की कमी होने पर इस कार्य में बाधा आती है, जिससे रक्त में ग्लूकोज का स्तर बढ़ जाता है। इसे हाइपरग्लाइसीमिया (Hyperglycemia) कहते हैं तथा इसी से मधुमेह रोग की शुरुआत होती है।

आँसू की संरचना

सामान्य अवस्था में हमारी आँख में विद्यमान अश्रुग्रंथियाँ कुल मिलाकर सोलह घंटे के जागरण के दौरान 600-700 मि.ग्रा. आँसू स्रावित करती हैं।

रासायनिक संघटन की दृष्टि से हमारे आँसुओं के द्रव में प्रोटीन, नाइट्रोजन, यूरिया, ग्लूकोज, सोडियम तथा पोटैशियम के ऑक्साइड, अमोनिया, क्लोरीन एवं सोडियम क्लोराइड जैसे रसायन उपस्थित होते हैं। इसके साथ ही आँसुओं में लाइसोजाइम नामक एंजाइम भी होता है। यह एंजाइम आँखों में पहुँचनेवाले हानिकारक जीवाणुओं को नष्ट करता है।

रोते समय आँसुओं को बहाने से मनुष्य को मानसिक तनाव से राहत

मिलती है। हमारी आँखों के संपर्क में आनेवाली वायु में घुले कई उद्दीपकों के कारण भी अश्रुग्रंथियाँ उत्तेजित होकर अधिक आँसुओं का स्राव करती हैं। छींकने, खाँसने, वमन करते समय, तेज रोशनी देखते समय, अत्यधिक मिर्च-मसालेयुक्त भोजन खाने तथा अत्यधिक हँसी आने से भी आँखें आँसुओं से भर जाती हैं।

वैज्ञानिकों का मत है कि अत्यधिक हर्ष या विषाद की अवस्था में हमारे मस्तिष्क के एक छोटे से हिस्से हाइपोथैलेमस में उत्पन्न आवेग ही अश्रुग्रंथियों को अधिक आँसू स्रावित करने के लिए उत्तेजित करते हैं।

रोमांच क्यों होता है?

भयभीत या आश्चर्यचकित होने पर बालों के निचले हिस्से से जुड़ी मांसपेशियों में खिंचाव के कारण बाल खड़े हो जाते हैं। बनावट के अनुसार बालों को दो भागों में बाँटा जाता है। चमड़ी में गहरे धँसे भाग को मूल कहते हैं तथा त्वचा के ऊपर शॉफ्ट के निचले हिस्से तथा मूल को घेरते हुए त्वचा के नीचे कोशिकाओं का एक समूह फॉलिकिल होता है। बाल इस फॉलिकिल से एक कोण पर त्वचा से बाहर निकलते हैं। जब फालिकिल से पेशियों में संकुचन होता है तो खिंचाव के कारण फालिकिल त्वचा पर बिलकुल सीधे खड़े हो जाते हैं, फलतः बाल खड़े हुए दिखाई देते हैं।

भयभीत, क्रोधित तथा आश्चर्यचकित होने की दशा में अंतःस्रावी ग्रंथि—एड्रीनल—सक्रिय हो जाती है तथा एड्रीनेलीन हारमोन का स्राव बढ़ जाता है। इस हारमोन से बालों की जड़ों के पास स्थित मांसपेशियों में खिंचाव होता है तथा बाल खड़े हो जाते हैं। इससे हृदयगति तथा रक्तचाप भी बढ़ जाता है।

पानी की करामात से कुबड़ापन

भाई! हमारे कुबड़ेपन पर मत हँसिए। हम जन्म से कुबड़े या विकलांग नहीं हैं, बल्कि पानी की करामात ने हमें कुबड़ा तथा भद्दे दाँतोंवाला बना दिया है।

पानी न जाने कितनी ही बीमारियाँ हमें दे देता है, जब उसमें खनिज लवणों का सांद्रण अत्यधिक हो जाता है। कुबड़ेपन की बीमारी को फ्लोरोसिस (Fluorosis) कहते हैं। यह पानी तथा भोजन में 1.5 मि.ग्रा. से अधिक फ्लोराइड के सांद्रण से होती है।

फ्लोरोसिस भी दो प्रकार की होती है—दंत तथा अस्थि फ्लोरोसिस। बच्चों में प्रायः दंत फ्लोरोसिस होती है, जिसके कारण उनके दाँत चमकीले सफेद की जगह काले-भूरे हो जाते हैं तथा दाँतों का क्षय होने लगता है।

अस्थि फ्लोरोसिस का प्रभाव स्त्रियों की अपेक्षा पुरुषों में अधिक होता है। अस्थि फ्लोरोसिस में आरंभ में व्यक्ति की गरदन में दर्द तथा पीठ में अकड़न होती है। इसके बाद गरदन तथा पीठ को दाएँ-बाएँ या आगे-पीछे मोड़ने में कठिनाई होने लगती है। धीरे-धीरे टाँगों में परिवर्तन आने लगते हैं, घुटने मुड़ने लगते हैं तथा व्यक्ति ऊपर की ओर भी नहीं देख सकता। गंभीर अवस्था में रोगी इतना अक्षम हो जाता है कि वह शय्याग्रस्त ही रहता है।

पानी में आग लगानेवाली धातु

सोडियम धातु की पानी से बहुत घनिष्ठता है। अतः इसका पानी के साथ संयोजन होते ही हाइड्रोजन गैस तथा ऊष्मा भी काफी मात्रा में निकलती है। इस क्रिया को ऊष्माक्षेपी रासायनिक प्रतिक्रिया भी कहते हैं।

$$2Na+2H_2O=2NaOH+H_2\uparrow$$

इस क्रिया में मुक्त ऊष्मा ज्वलनशील हाइड्रोजन गैस को जलाने के लिए पर्याप्त होती है। इस कारण ही सोडियम के टुकड़े को पानी में डालने से आग लग जाती है। सोडियम धातु तथा पानी के मिलने की प्रतिक्रिया तीव्र होती है। अतः सोडियम धातु को हमेशा मिट्टी के तेल में या बेंजीन में रखा जाता है, जिनकी पानी में घुलनशीलता बहुत कम होती है।

खनिज संपदा की खोज में पेड़-पौधे

पृथ्वी के गर्भ में उपस्थित खनिज संपदाओं की सूचना भी पेड़-पौधे देते हैं। स्पेन, बेल्जियम तथा ब्रिटेन में पाए जानेवाले 'वायोला कैलेमिनेरिया' पौधे की उपस्थिति से जस्ते की कई बड़ी खानों का पता लगा है। यह पौधा वहीं होता है, जहाँ जस्ता बहुतायत में होता है।

कार्नेशन व मिंट कुल के पौधे भूगर्भ में ताँबे की उपस्थिति की सूचना देते हैं। कैक्टस की एक प्रजाति 'प्रिकलीपियर' द्वारा मैंगनीज धातु की सूचना मिलती है क्योंकि मैंगनीज धातु की सघनता में ही यह पौधा मिलता है।

हमारे देश में उड़ीसा प्रांत में सुकिंदा घाटी में ऐसे पौधे मिले हैं जिनसे वहाँ 'निकल' धातु के संकेत मिले हैं। राजस्थान के बाड़मेर व बीकानेर क्षेत्रों में 'कैलोट्रोपिस प्रोसेरा' व 'ऐखाटोमेनटोसा' पौधों से जिप्सम का पता लगाया गया है।

कर्नाटक में 'पोटोसिलोन्यूटान इंडिकम' नामक पौधा लौह समृद्ध क्षेत्रों के संकेत देता है। हमारे देश में अंजनी तथा लोध नामक पौधों से एलूमीनियम धातु की सूचना मिली है।

खनिज संपदा का पता लगाने के लिए वहाँ के पेड़-पौधों की पत्तियों का जैव भूगर्भ रासायनिक परीक्षण किया जाता है। भूगर्भ में खनिज की अधिकता के कारण पेड़-पौधों में परिवर्तन आ जाते हैं।

निष्क्रिय गैसों के भी यौगिक

अभी नवीन अन्वेषणों से विदित हुआ है कि निष्क्रिय गैसें जो अक्रियाशील समझी जाती थीं, उनके भी रासायनिक यौगिक बनाए गए हैं।

डॉ. नेल बर्टलेट ने झीनांन के प्रथम यौगिक झीनांन फ्लोरोप्लेटीनेट ($Xe\,Pt\,F_6$) को बनाने में सफलता प्राप्त की है। उन्होंने झीनांन (Xe) तथा फ्लोरोप्लेटीनेट ($Pt\,F_6$) की लाल वाष्प से क्रिया करवाकर पीले ठोस के रूप में $Xe\,Pt\,F_6$ को प्राप्त किया है।

$$Xe + Pt\,F_6 \rightarrow Xe\,Pt\,F_6$$

सफाई की झक खतरनाक

अपने घरों को साफ करने के लिए सैकड़ों प्रकार के रसायनों का उपयोग होता है। हो सकता है इससे घर साफ तथा खुशबूदार भी नजर आए; परंतु वे विषाक्त रसायनों, ब्लीचिंग पाउडरों, दुर्गंधनाशकों, कीटनाशकों, प्रसाधनों तथा ताजगी प्रदान करनेवाले पदार्थों से प्रदूषित हो सकते हैं।

झागदार टब में स्नान, स्नान तेल तथा शैंपू का सम्यक् प्रयोग तो हानिकर नहीं होता परंतु डिटरजेंटों, खुशबुओं तथा अन्य रसायनों से जलचक्र में अनावश्यक समस्याएँ उत्पन्न होती हैं।

प्राय: बाथरूम की अलमारी में दवाओं के अलावा कई प्रकार के रसायन-उत्पाद होते हैं; यथा—टूथपेस्ट में टाइटेनियम डाइऑक्साइड, तरल पैराफिन तथा वही डिटरजेंट होता है जिसका उपयोग कई किस्म के धोने के पाउडरों में होता है।

इसी प्रकार कपड़े धोने की मशीनों में या ऐसे भी प्रत्येक परिवार प्रतिवर्ष 20 से 40 कि.ग्रा. धोने के पाउडर का इस्तेमाल करता है। ये पदार्थ पानी में पहुँचकर उसे दूषित करते हैं। फर्श साफ करनेवाले उत्पादों में आमतौर से एथेनॉल, अमोनिया, फार्मेल्डीहाइड तथा क्लोरीन जैसे शक्तिशाली रसायन होते हैं जो पेट के लिए घातक होते हैं।

एयरफ्रेशनर यानी हवा साफ करनेवाले मानव निर्मित रसायन वस्तुत: कमरों में बंद हवा को शुद्ध व ताजा नहीं बनाते हैं। ये शुद्ध करने की बजाय हवा को पैरा-डाइक्लोरोबेंजीन जैसे पदार्थों से प्रदूषित करते हैं। इसी तरह प्रसाधन साबुन, डिटरजेंट तथा क्रॉकरी धोने के पाउडरों में फॉस्फेट होते हैं, जो जल-जीवन को हानि पहुँचाते हैं।

माटी-माटी का भेद भी रसायन से संबद्ध

इलाहाबादी अमरूद, नागपुरी संतरे, मुजफ्फरपुर की लीचियाँ, मलीहाबाद के दशहरी आम, मरु-प्रदेश के केर-सांगरी, मालवा का मक्का, तमिलनाडु के काजू प्रसिद्ध हैं। इसका भेद इन जगहों की माटी (मिट्‌टी) में छुपा है तथा यह मिट्‌टी कोई आज या कल में नहीं बनी, वरन् लाखों वर्षों में बनी है।

इस माटी की अपनी अनोखी दुनिया होती है। तमाम किस्म के जीवाणु, फफूँद तथा केंचुएँ जैसे कल्याणकारी कृमि, हर तरह के खनिज तत्त्व, हवा तथा

पानी, टूटी टहनियों, पत्तियों, फल-फूलों के अंश मिलकर कुछ ऐसी कीमियागिरी रचते हैं कि हर माटी की अपनी एक अलग ही सोंधी गंध होती है।

विभिन्न फलों को जिन विशेष तत्त्वों की आवश्यकता होती है, वे अलग-अलग प्रदेशों की मिट्टियों में आसानी से उपलब्ध होते हैं, इसलिए उन मिट्टियों में ही अमुक-अमुक फल, वृक्ष ठीक से बढ़ते हैं तथा उत्तम उपज देते हैं। जौनपुरी मूली तथा देहरादून के बासमती चावल भी इसी तरह से उगते हैं।

कृत्रिम प्रकाश

एक समय ऐसा भी था जब विरल रासायनिक तत्त्वों को व्यर्थ समझा जाता था; परंतु आधुनिक अन्वेषणों के फलस्वरूप उनके भी विलक्षण उपयोगों को उजागर किया गया है; यथा—नियोन एक अक्रिय गैस है तथा यौगिकों का निर्माण नहीं करती, पृथ्वी के वायुमंडल में यह अत्यंत अल्प मात्रा में होती है।

वैज्ञानिकों ने पाया कि कुछ विशिष्ट उद्‌देश्यों के लिए नियोन (Neon) से अच्छा प्रकाश भी निकलता है। आजकल नियोन बल्ब भी बाजार में उपलब्ध हैं, जो अच्छा प्रकाश देते हैं। सोडियम वाष्प से उत्पन्न प्रकाश चौंधरहित होता है। यही कारण है कि राजमार्गों तथा सड़कों पर, कुहरे में विमानों के प्रकाश स्तंभों, चलचित्र, ध्वनियंत्रों तथा कुछ दूरदर्शन प्रक्रियाओं में इस प्रकार के कृत्रिम प्रकाश की व्यवस्था की जाती है। कुछ जीवधारी भी प्रकाश उत्पन्न करते हैं। एककोशीय प्रोटोजोआ इतना प्रकाश फैलाते हैं कि अगर बड़ी मात्रा में एकत्रित करें तो उसे काफी दूरी से देखा जा सकता है।

ओस्मियम : सबसे भारी धातु

अभी तक ज्ञात धातुओं में सबसे भारी धातु का नाम 'ओस्मियम' है। यह आवर्त्त सारणी के VIII समूह का सदस्य है तथा इसका रासायनिक सूत्र Os है।

हलकी नीलिमायुक्त सफेद रंग की इस धातु का परमाणु भार 192 है तथा 20° से. पर इसका घनत्व 22.42 ग्राम प्रति घन सें.मी. होता है। इसकी खोज वर्ष 1803 में टैनेंट नामक रसायनज्ञ ने की थी। प्लैटिनम वर्ग की इस धातु का गलनांक लगभग 2700° से. तथा क्वथनांक लगभग 5000° से. होता है।

जेरॉक्स के प्रिंट भी रसायनों की देन

हमारे आसपास सल्फर तथा सैलेनियम एवं कई अन्य पदार्थ ऐसे हैं जिनकी विद्युत् चालकता प्रकाश डालने पर यानी प्रद्दीपन के बाद एकदम बढ़ जाती है। इसी सिद्धांत को आधार मानकर वर्ष 1938 में चेस्टर एफ. कॉलसन ने जेरॉक्स मशीन बनाई। इसमें स्थिर विद्युतीय तरीके से आवेशित की गई एक ग्लास प्लेट का प्रयोग किया गया। इसपर सल्फर का लेप करके एक पारभासी छपे हुए कागज पर प्रकाश डाला गया, जिसमें से छनकर प्रकाश को आवेशित व सल्फर लेपित ग्लास प्लेट पर पड़ने दिया गया। कॉलसन ने देखा कि ग्लास प्लेट पर प्रकाशित सामग्री का अक्स उभर आया।

इस अक्स को दूसरे चरण में एक परंपरागत छपाई प्रक्रिया द्वारा एक सुथरे कागज पर उतारा गया। इस प्रक्रिया में कोई गीला रसायन प्रयुक्त नहीं किया गया अर्थात् फोटो प्रिंट विद्युतीय आवेशित एवं सल्फर लेपित प्लेट के कारण ही बनते हैं।

कार्बन डेटिंग से पेड़-पौधों की आयु

कार्बन आयु अंकन या कार्बन डेटिंग रसायन जगत् में एक ऐसी तकनीक है जो वृक्षों से प्राप्त काष्ठ या रेशों आदि की आयु ज्ञात करने के काम आती है। प्रकाश संश्लेषण की क्रिया से कार्बन पेड़ों में पहुँचता है, अत: जीवित वृक्षों में कार्बन एक निश्चित अनुपात में पाया जाता है, परंतु वृक्ष के सूख जाने के पश्चात् यह बदलता जाता है अर्थात् कार्बन की मात्रा घटती जाती है।

वृक्षों में पाए जानेवाले कार्बन का रेडियोधर्मी समस्थानिक (C^{14}) लगभग 5760 वर्ष के बाद अपनी पूर्व मात्रा का आधा रह जाता है। एक निश्चित समय तक कार्बन की मात्रा ज्ञात करके उस वस्तु की आयु ज्ञात की जा सकती है।

प्रथम जीव की उत्पत्ति में भी रासायनिक प्रक्रिया

आधुनिक वैज्ञानिकों ने विभिन्न अन्वेषणों से अब यह सिद्ध कर दिया है कि जीवन की उत्पत्ति समुद्र में रासायनिक प्रक्रियाओं से हुई, परंतु ये क्रियाएँ अत्यंत जटिल थीं तथा इन्हें संपन्न होने में करोड़ों वर्ष लग गए। आइए, इसके बारे में जानकारी अर्जित करें।

समुद्र में प्रारंभिक जीवन संबंधी जटिल रासायनिक क्रियाओं को वर्ष 1936 में सर्वप्रथम रूस के वैज्ञानिक ए.आई. ओपेरिन ने उजागर किया। पृथ्वी के प्रारंभिक वायुमंडल में हाइड्रोजन, ऑक्सीजन, कार्बन तथा नाइट्रोजन जैसी गैसें अधिक मात्रा में विद्यमान थीं। इन गैसों के संयोग से जल, अमोनिया तथा मीथेन जैसे साधारण पदार्थ उत्पन्न हुए। ये पदार्थ वर्षा द्वारा समुद्र में पहुँचे तथा जीव के निर्माण के लिए ये पदार्थ प्रारंभिक सामग्री के रूप में थे।

मीथेन ने अन्य पदार्थों से क्रिया करके अन्य मूल पदार्थों का निर्माण किया; यथा—शर्करा, ग्लिसरीन, वसा अम्ल, अमीनो अम्ल, पिरीमिडीन तथा प्यूरीन। इन मूल पदार्थों से अन्य अनेक जटिल पदार्थों का निर्माण हुआ; जैसे—प्रोटीन, वसा, कार्बोहाइड्रेट तथा न्यूक्लिक अम्ल आदि।

न्यूक्लिक अम्ल प्रत्येक जीव की कोशिका का एक महत्त्वपूर्ण पदार्थ होता है; जिसने प्रोटीन से प्रतिक्रिया करके न्यूक्लियो प्रोटीन का निर्माण किया। वैज्ञानिकों का अनुमान है कि इसी से जीव कोशिकाओं का निर्माण हुआ। दक्षिण अफ्रीका की अवसादी चट्टानों में पाए गए जीवाणु 'इयोबैक्टीरियम आइसोलेटम' के जीवाश्म तीन अरब वर्ष पुराने हैं जो जीवन का प्राचीनतम प्रमाण माना जाता है।

रक्त से दूध

दूध बनने की प्रक्रिया को भलीभाँति समझने के लिए दो बातों पर ध्यान देना जरूरी है, पहली—थन तथा दुग्ध ग्रंथियों की संरचना तथा रक्त के वे अंश जो दूध के रचक बनाते हैं तथा दूसरी थन तथा पशु के शरीर में होनेवाली रासायनिक तथा अन्य प्रक्रियाएँ जिनके फलस्वरूप दूध बनता है।

अनुसंधानों से यह स्पष्ट हो चुका है कि एक भाग दूध के निर्माण के लिए ग्लूकोज की मात्रा के आधार पर 500 भाग रक्त को अयन से भ्रमण करने की जरूरत पड़ती है। यह सर्वविदित तथ्य है कि रक्त से ही दूध बनता है तथा दूध के समस्त रचक किसी-न-किसी रूप में रक्त में ही विद्यमान होते हैं। रक्त के कुछ रचक; यथा—ग्लोबुलिन तथा कुछ खनिज पदार्थ, सीधे ही दूध में आ जाते हैं।

अयन में रक्त का दौरा होता रहता है जिससे इसी रक्त के विभिन्न रचकों से ग्लूकोज, अमीनो अम्ल, कैरोटीन, ट्राइग्लोसिराइड तथा कोलायडल कैल्शियम आदि पदार्थ बनते हैं। अयन ऊतकों में लैक्टोज, मियायनिन, विटामिन 'ए', वसा एवं कैल्शियम बनते हैं; जो अंततोगत्वा दूध में ही परिवर्तित हो जाते हैं।

बालों की संरचना

बालों का रासायनिक विश्लेषण करने पर ज्ञात होता है कि इनमें 50 भाग कार्बन, 6.36 भाग हाइड्रोजन, 17.14 भाग नाइट्रोजन, 20.85 भाग ऑक्सीजन तथा 5 भाग सल्फर होता है। फ्लेक्सन बालों में ऑक्सीजन तथा सल्फर का अनुपात अधिक तथा कार्बन और हाइड्रोजन का कम होता है।

भूरे बालों में कार्बन अधिक तथा ऑक्सीजन एवं सल्फर का अनुपात कुछ कम होता है। इसी प्रकार वृद्ध व्यक्ति के सफेद बालों में अधिक मात्रा में लाइम का फास्फेट पाया जाता है।

आजकल बाजारों में केशरंजक के रूप में प्रयुक्त किए जानेवाले सौंदर्य प्रसाधनों—हेयर डाइज एवं शैंपू इत्यादि में प्रयुक्त किए जानेवाले रसायनों में कई सक्रिय रासायनिक यौगिक-2, अमीनो-5 नाइट्रोफीनोल, मेटा टोल्यूइन डाइ अमीन तथा 1, 4 डाइ अमीनो 2-नाइट्रोबैंजीन इत्यादि समाविष्ट होते हैं। यद्यपि ये रसायन कालांतर में हमारे शरीर के लिए हानिकारक होते हैं, परंतु दिन-प्रतिदिन इनका उपयोग बढ़ ही रहा है।

पोर्टलैंड सीमेंट का नामकरण

सीमेंट के साथ पोर्टलैंड नाम स्थान का सूचक है। वर्ष 1824 में लीड्स, इंग्लैंड के जोसेफ एस्पगीन ने चूना पत्थर तथा चिकनी मिट्टी के मिश्रण से एक ऐसे पदार्थ की खोज की जो पोर्टलैंड में पाए जानेवाले और वहाँ इमारत बनाने के लिए प्रयुक्त पत्थर से काफी मिलता-जुलता था। इसलिए इस वस्तु का नाम पोर्टलैंड सीमेंट रखा गया।

यह सीमेंट चूना पत्थर तथा चिकनी मिट्टी को भट्टे में अधिक ताप पर गरम करके बनाया जाता है। इसमें मुख्य रूप से चार रासायनिक यौगिक होते हैं—ट्राइ कैल्शियम सिलिकेट, डाइ कैल्शियम सिलिकेट, ट्राइ कैल्शियम एलूमीनेट तथा टेट्रा कैल्शियम एलूमिनोफेराइट। इसमें सूक्ष्म मात्रा में मैग्नीशियम भी होता है। अत: सीमेंट का नामकरण स्थानवाची है, उसकी संरचना का वाचक नहीं है।

बिना मिट्टी के खेती

शहर में रहनेवाले या अन्य पेड़-पौधों के शौकीन लोग, जिनके पास न तो खाली जगह या जमीन उपलब्ध है और न ही मिट्टी उपलब्ध है, उन्हें निराश होने की जरूरत नहीं है, क्योंकि बिना मिट्टीवाली खेती या जलकृषि (हाइड्रोपोनिक्स) का विकास हो चुका है।

जलकृषि से पौधे उगाने के लिए वे स्थान ही अधिक उपयुक्त होते हैं जहाँ खेती नहीं की जा सकती। शौकीन लोग घरों की छतों, बरामदों तथा खिड़कियों आदि पर जलकृषि द्वारा पौधे उगा सकते हैं। वर्ष 1929 में इस कृषि में महत्त्वपूर्ण प्रगति हुई तथा अमेरिकी वैज्ञानिक प्रो. गैरिक ने इस विधि से 20 फुट ऊँचा टमाटर का पौधा विकसित किया।

जलकृषि में पानी की मात्रा तथा गुणवत्ता का बहुत महत्त्व होता है। जलकृषि के लिए पानी न तो अम्लीय, न क्षारीय, केवल उदासीन जल ही श्रेष्ठ रहता है। इसमें पोषक रसायनों को मिलाया जाता है; जिनमें विशेषकर सोडियम नाइट्रेट, पोटैशियम नाइट्रेट, सुपरफास्फेट, मैग्नीशियम सल्फेट तथा रंचतत्त्व आदि मिले हुए होते हैं। यह जलकृषि घनी आबादीवाले शहरों में तरोताजा सब्जियों के उत्पादन में भी बहुत महत्त्वपूर्ण सिद्ध हो सकती है।

जलकृषि के लिए पोषक रसायनों की मात्रा—

सोडियम नाइट्रेट—0.55 ग्राम,

सुपर फास्फेट—66.5 ग्राम,

पोटैशियम सल्फेट—22.0 ग्राम,

मैग्नीशियम सल्फेट—28.0 ग्राम तथा

सूक्ष्ममात्रिक तत्त्व—0.85 ग्राम।

जुगनू के चमकने का रहस्य

जुगनू में प्रकाश की उत्पत्ति का कारण एक जटिल रासायनिक प्रक्रिया है, जिसे जीव संदीप्ति कहते हैं। मोमबत्ती या विद्युत् बल्ब द्वारा उत्पन्न प्रकाश के विपरीत इस प्रक्रिया में कई पदार्थ तो प्रयुक्त होते हैं, परंतु ताप उत्पन्न नहीं होता है।

प्रकाश उत्पादन में काम आनेवाला मुख्य पदार्थ लूसीफेरिन है, जिसका रासायनिक सूत्र $C_{13}H_{12}N_2S_2O_3$ होता है। यह प्रकाश उत्पादक अंग जुगनू के धड़ में स्थित रहता है। जब लूसीफेरिन लूसीफेरेज एंजाइम, ऊर्जा संपन्न रसायन ए.टी.पी. (जो हर जीवित कोशिका में उपलब्ध होता है) तथा मैग्नीशियम ऑयन (Mg^{++}) की उपस्थिति में ऑक्सीजन से क्रिया करता है, तो प्रकाश उत्पन्न होता है। यह देखा गया है कि इनमें से किसी भी पदार्थ की अनुपस्थिति में प्रकाशोत्पत्ति संभव नहीं होती है। जुगनू में रात को रुक-रुककर चमकनेवाला प्रकाश नाड़ियों द्वारा भेजे गए संवेदन पर भी निर्भर करता है।

कई विज्ञानवेत्ताओं के अनुसार, जुगनू अपनी सुरक्षा हेतु भी प्रकाश छोड़ता है क्योंकि अँधेरे में जब जुगनू उड़ता है तो उसकी चमक भी कभी यहाँ होती है, तो कभी वहाँ। अत: इसका पीछा करनेवाले शत्रु भी असमंजस में पड़ जाते हैं कि वह अब कहाँ है। जुगनू की यह प्रवृत्ति श्वसन-क्रिया से भी जुड़ी हुई है। यह देखा जा चुका है कि जब जुगनू भीतर श्वास खींचता है तो प्रकाश उत्पन्न होता है तथा वह जब श्वास बाहर निकालता है तो प्रकाश बुझ जाता है। नर जुगनू 5.8 सेकंड में तथा मादा जुगनू 2.1 सेकंड के अंतर में प्रकाश छोड़ते हैं।

प्लास्टिक के कचरे से ईंधन

प्लास्टिक के आविष्कार से अब तक सामाजिक जीवन के हर क्षेत्र में बढ़ रहे इसके विविध उपयोगों ने आज हमारे सामने विकट स्थिति उत्पन्न कर दी है; जिसके फलस्वरूप उत्पन्न हुआ प्लास्टिक प्रदूषण हमारे सामने दुविधा का कारक बन गया है। हम आजकल हर जगह, हर कोने में, कचरे के हर ढेर में प्लास्टिक-ही-प्लास्टिक देखते हैं।

जापान के अनुसंधानवेत्ताओं ने क्लोराइड आधारित पी.वी.सी. जैसे थर्मोप्लास्टिक अवशेषों को ईंधन तेल में बदलने की तकनीक विकसित की है। वस्तुतः पृथ्वी को प्रदूषित करनेवाले प्लास्टिक कचरे का लगभग 20 प्रतिशत क्लोराइड आधारित थर्मोप्लास्टिक ही होता है।

वैज्ञानिकों ने थर्मोप्लास्टिकों को चूरकर 400° सेल्सियस ताप पर तेल-बाथ में गरम कर विघटित किया है। इसमें सोडियम हाइड्रोक्साइड मिलाकर, विघटित थर्मोप्लास्टिक में से निकल रही क्लोरीन को सोडियम क्लोराइड के रूप में बाहर निकाल लिया जाता है। सामान्य वायुमंडलीय दाब पर ये प्लास्टिक टूटकर लगभग सामान्य अनुपात में विभिन्न लंबाइयों की कार्बन श्रृंखलाएँ बनाते हैं। इसी प्रकार की कार्बन श्रृंखलाएँ पेट्रोल तथा डीजल में होती है।

वैज्ञानिकों की यह धारणा है कि इस प्रणाली में जितनी ऊर्जा प्रारंभ में खर्च की जाती है, उसकी लगभग तिगुनी अंतिम उत्पाद से प्राप्त होती है। अतः व्यावहारिक दृष्टि से कचरे को निपटाने का यह उत्तम तरीका है।

रासायनिक बगीचा

रासायनिक बगीचा विभिन्न रसायनों के प्रयोग से बनाया जाता है तथा देखने में सागर तल में स्थित रंग-बिरंगे पेड़-पौधों जैसा लगता है।

इसको बनाने के लिए सर्वप्रथम पारदर्शी काँच का गोल या जैसा आप चाहें, एक मध्यम आकार का जार लें तथा उसमें एक इंच गहरी बालू भर दें। अब बाकी बचे जार को वाटर-ग्लास (सोडियम सिलिकेट) तथा पानी के बराबर-बराबर मिश्रण से भर दें। जार को पूरा भरने के बाद कोबाल्ट क्लोराइड, कॉपर सल्फेट, फेरस सल्फेट, मैंगनीज क्लोराइड व निकल सल्फेट के थोड़े-से दाने इस तरह गिराएँ कि रंगों का खूबसूरत प्रभाव उत्पन्न हो जाए।

कुछ ही देर पश्चात् ये दाने ऊपर की ओर आकर्षक ढंग से बढ़ने लगेंगे तथा लगभग दो घंटे में पूरा बगीचा तैयार हो जाएगा। ऐसा जंगल जिसमें विभिन्न रंगों की छटाएँ दृष्टिगोचर होंगी।

त्वचा की लालिमा

प्रायः हम अनुभव करते हैं कि जब कोई कीड़ा-मकोड़ा हमें काटता है तो उस समय हमारे उस अंग पर लाल चकत्ते हो जाते हैं। ऐसा इसलिए होता है कि उस जगह पर उस कीड़े द्वारा कुछ रसायन हमारे शरीर में प्रवेश करवा दिए जाते हैं।

ये रसायन शरीर में पहुँचकर एंटिजन की भाँति कार्य करते हैं, क्योंकि हमारे शरीर का प्रतिरक्षा तंत्र इन रसायनों को बाह्य पदार्थ के रूप में स्वीकारता है। अत: ये एंटिबॉडी कीड़े द्वारा काटे गए स्थान पर एकत्रित हो जाते हैं; जिससे वहाँ सूजन आ जाती है तथा लाल चकत्ते-से उभर आते हैं; जिनमें बहुत जलन तथा खुजली होती है।

इसी प्रकार जब कोई चींटी हमें काटती है तो हमारे शरीर में फार्मिक अम्ल को प्रवेश करवा देती है, जिससे हमें तीव्र खुजली होने लगती है; क्योंकि फार्मिक अम्ल तीव्र खुजलीकारक होता है।

जादू की पुड़िया : जैव उर्वरक

विज्ञान ने हमें एक ऐसी जादू की पुड़िया दी है जिसे भूमि में पहुँचाकर उपजाऊ शक्ति को बनाए रखा जा सकता है तथा उत्पादन भी बढ़ाया जा सकता है। इस जादू की पुड़िया में नाइट्रोजन, फास्फोरस तथा पोटाश ये तीनों आवश्यक रासायनिक पोषक तत्त्व विद्यमान होते हैं तथा इन्हें जैव उर्वरक (Bio fertilizer) कहते हैं।

आजकल वैज्ञानिकों ने ऐसे लाभकारी जीवाणुओं का पता लगा लिया है जो मिट्टी में रहकर हमारी भूमि तथा पौधों को अनेक लाभ पहुँचाते हैं। ये जीवाणु नाइट्रोजन तथा फास्फोरस प्रदान करनेवाले होते हैं। वर्तमान ऊर्जा संकट, रासायनिक उर्वरकों की कमी, बढ़ती हुई प्रदूषण समस्या तथा जनसंख्या में भारी वृद्धि को देखते हुए जैव उर्वरकों की भविष्य में अति आवश्यकता है। आशा की जाती है कि ये उर्वरक शीघ्र ही रासायनिक उर्वरकों को विस्थापित कर देंगे।

गरिष्ठ भोजन के बाद नींद क्यों?

रात हो या दिन, जब बढ़िया तथा गरिष्ठ भोजन किया जाता है तो नींद की अनुभूति होती है तथा मन आराम करना चाहता है। इसका कारण क्या है?

हमारे मस्तिष्क में नींद के लिए उत्तरदायी केंद्र हाइपोथैलेमस जब हमारी पेशियों को आराम करने का आदेश देता है, तब हम नींद या सुस्ती का अनुभव करने लगते हैं। जैसे ही हमारी मांसपेशियाँ आराम की स्थिति में आती हैं, हमारी पलकें भारी होने लगती हैं तथा बैठना कठिन हो जाता है। आमतौर पर जब हम गरिष्ठ भोजन करते हैं अथवा कठिन परिश्रम से थक गए होते हैं तब ऐसा ही होता है।

पहली स्थिति में हाइपोथैलेमस में मिलेटोनिन नामक प्रोटीन कम मात्रा में बनता है, जबकि दूसरी स्थिति में अधिक परिश्रम के कारण ऑक्सीजन की मात्रा अधिक खर्च हो जाती है तथा उसकी आपूर्ति मस्तिष्क को नहीं मिल पाती है।

गरिष्ठ भोजन करने के बाद रक्त अधिक-से-अधिक ऑक्सीजन की आपूर्ति आमाशय तथा आँतों में करता है, जिससे मस्तिष्क में थकान होने लगती है, परिणामस्वरूप हमें नींद या सुस्ती आती है।

ओजोन की छतरी पर हमला

ओजोन ऑक्सीजन के तीन अणुओं से बनी जीवनरक्षक गैस होती है, जो पृथ्वी को एक नाजुक परदे की भाँति लपेटे हुए है तथा सूर्य की पराबैंगनी किरणों से मनुष्य सहित सभी जीव-जंतुओं एवं वनस्पतियों की रक्षा कर रही है। आजकल कई रसायन इस कवच को क्षीण करने पर तुले हुए हैं।

ओजोन के दुश्मनों में एक नया नाम उभरा है—क्लोरोफ्लोरोकार्बन (सी.एफ.सी.) का। सी.एफ.सी. उस रासायनिक जिन्न का नाम है जो इत्र-सुगंध की स्प्रे शीशियों, बोतलों, फुहार डब्बों (एयरोसॉल केन), रेफ्रिजरेटरों में रहता है तथा बाहर आते ही ओजोन पर हमला करने की ठानता है। पृथ्वी पर जो शांत, अहानिकारक होता है, वही अपने स्वर्गारोहण के साथ अन्य गैसीय दूतों से मिलकर धरतीवासियों के विनाश का कुचक्र रचता है। इस दुश्मन की यह मुहिम अनवरत जारी है।

यद्यपि सी.एफ.सी. मानव के लिए बहुत उपयोगी रहा है। इससे हमारा भोज्य पदार्थ ठंडा, सुरक्षित रहता है तथा हमें गरमी से राहत मिलती है, परंतु ओजोन की

परत पर इसके हानिकारक प्रभाव को देखते हुए पर्यावरणविद् बहुत चिंतित हैं।

अनुसंधानों द्वारा विदित हुआ है कि ओजोन छिद्र का व्यास निरंतर बढ़ता जा रहा है तथा इस परत में क्लोरीन यौगिकों की मात्रा आश्चर्यजनक रूप से बढ़ गई है; जिसमें फ्लोरीन मिश्रित तत्त्वों की अधिकता है। एक क्लोरीन परमाणु पाँच ओजोन अणुओं को नष्ट करने की क्षमता रखता है।

सी.एफ.सी. का खतरनाक पहलू यह है कि कार्बन डाइऑक्साइड की तरह इसका कोई प्राकृतिक अवशोषक नहीं है। इस कारण स्ट्रेटोस्फीयर में पराबैंगनी किरणों के कारण इनका विघटन प्रारंभ होने लगा है तथा वायुमंडल में ओजोन की मात्रा कम होने लगी है।

हीलियम से दस्तावेजों की रक्षा

हमारे देश की राष्ट्रीय भौतिक प्रयोगशाला, नई दिल्ली ने एक ऐसा उपकरण विकसित किया है जिससे महत्त्वपूर्ण दस्तावेजों को लंबी अवधि के लिए सुरक्षित रखा जा सकता है। इस उपकरण में दो पात्र तथा एक इलैक्ट्रॉनिक हीलियम मॉनिट होता है; जिनसे दस्तावेजों को प्रभावित करनेवाले हानिकारक गैसों के सूक्ष्म अंश का भी पता लग जाता है।

वातावरण में उपस्थित सल्फर डाइऑक्साइड, ऑक्सीजन, नमी, धूल, की तथा सूक्ष्मजीव दस्तावेजों को हानि पहुँचाते हैं। इसलिए इस उपकरण को वायुरोध बनाया गया है। अक्रिय गैस के रूप में हीलियम को ही इसलिए चुना गया है जिस पात्र में जरा-सी भी हवा आते ही उसका तुरंत पता चल जाए। पात्र में हवा का प्रवेश होते ही हीलियम में परिवर्तन होना प्रारंभ हो जाता है, जिससे मॉनिटर सतर्क ह जाता है तथा परिशोधन आरंभ कर देता है।

विश्व का सर्वाधिक मीठा पदार्थ

अभी हाल ही में हुए अनुसंधानों के आधार पर 'तालीम प्रोटीन' विश्व क सर्वाधिक मीठा पदार्थ है। यह अफ्रीका के एक पौधे 'थामाटोकोकम डेनीएलीकेबेरी से प्राप्त होता है। यह चीनी से पाँच हजार गुना अधिक मीठा होता है। इसक मिठास भी चीनी की मिठास से बिलकुल भिन्न होती है।

तालीम प्रोटीन का स्वाद कुछ क्षण बाद प्रारंभ होता है, परंतु अधिक सम

तक रहता है। वैज्ञानिकों का यह भी कथन है कि इस पदार्थ की थोड़ी-सी मात्रा किसी अन्य पदार्थ में मिलाने से वह पदार्थ स्वादिष्ट तथा सुगंधित बन जाता है।

साधारण रूप से तालीम प्रोटीन में प्रोटीन के ऊष्मीय गुण (4.1 के.सी. ए.एल./कि.ग्रा.) उपलब्ध होते हैं। चूँकि यह चीनी से 5,000 गुना अधिक मीठा होता है, इसलिए इसकी मात्रा इतनी कम मिलाई जाती है कि पदार्थ पूरी तरह ऊष्मीय रहता है। उदाहरणार्थ तालीम प्रोटीन से बनी एक च्यूइंगम में केवल 0.0012 के.सी. ए.एल.एस. (ऊष्मा) होती है, जबकि चीनी से निर्मित च्यूइंगम में इससे एक मीठे फल के समान सात गुना अधिक होती है।

इस पदार्थ का उपयोग मधुमेह के रोगियों के लिए बनाए जानेवाले पदार्थों में भी किया जा सकता है तथा इसके उपयोग से कैंसर होने की संभावना भी नहीं रहती है।

आग कैसे बुझे?

पानी में ज्वलनशील गैसों हाइड्रोजन तथा ऑक्सीजन के अणु होते हुए भी यह आग को बुझा देता है। इसका कारण यह है कि पानी स्वयं ज्वलनशील नहीं होता तथा ऊष्मा को अवशोषित करने की उसकी क्षमता भी बहुत अधिक होती है। अत: आग में पानी डालने पर आग का ज्वलन ताप कम हो जाता है।

पानी की परत बीच में आ जाने के कारण आग का संपर्क वायुमंडल में उपस्थित ऑक्सीजन से नहीं हो पाता, जबकि आग को जलते रहने के लिए ऑक्सीजन की आवश्यकता होती है। यही कारण है कि पानी डालने से आग बुझ जाती है।

पानी हाइड्रोजन तथा ऑक्सीजन से बना एक यौगिक होता है, इसलिए उसमें उनके गुण न होकर अलग गुण होते हैं; जैसे--नमक, जो सोडियम तथा क्लोरीन से बना यौगिक होता है, परंतु उसमें उसके गुण नहीं होते हैं।

पानी साफ करने की नई विधि

प्राचीन विधियों के अलावा अभी हाल ही में विकसित इस विधि में किसी प्रकार के रासायनिक संयोजी का उपयोग नहीं किया गया है। यह विपरीत परासरण (Reverse Osmosis) तथा पराबैंगनी प्रकाश (Ultraviolet light) के उपयोग

पर आधारित है।

इस प्रणाली में पानी को एक ऐसे पथ से गुजारा जाता है जिसमें लगी पराबैंगनी प्रकाश इकाई से निकलनेवाली विकिरण पानी में उपस्थित कीटाणुओं को नष्ट कर देती है। इस इकाई से गुजरकर पानी विपरीत परासरण इकाई में जाता है, जिसमें तीन छनने लगे होते हैं। पहला छनना ठोस कणों को अलग कर देता है, दूसरा सक्रिय कार्बन का उपयोग करके गंध, स्वाद तथा क्लोरीन को दूर करता है; जबकि तीसरा विपरीत परासरण द्वारा पानी में उपस्थित विभिन्न प्रकार के नमक तथा नाइट्रेट जैसे जल प्रदूषक पदार्थों को 95 प्रतिशत तक दूर कर देता है। यह प्रणाली काफी सुगम तथा सरल सिद्ध हो चुकी है।

लाल, हरे, पीले तथा नीले बाल

हमारे सिर के बाल मैलेनिन नामक रंजक की उपस्थिति के कारण काले रहते हैं तथा यह बालों के निचले सिरे पर बाल के फॉलिकिल में होता है। सूर्य के प्रकाश की उपस्थिति में यह अधिक प्रभावकारी होता है, अत: उष्ण जलवायुवाले प्रदेशों में रहनेवाले लोगों के बाल प्राय: काले होते हैं। जिन प्रदेशों में सूर्य का प्रकाश पर्याप्त मात्रा में शरीर को नहीं मिल पाता वहाँ यह मैलेनिन रंजक कम मात्रा में तो होता ही है तथा इतना प्रभावकारी भी नहीं हो पाता है। अत: बालों का रंग भूरा-सा हो जाता है।

मैलेनिन जब बालों को नहीं मिल पाता तो वे सफेद होने लगते हैं। प्राय: बाल हमेशा सिर की तरफ जड़ से सफेद होने शुरू होते हैं।

जलवायु, आनुवांशिकता आदि के कारण भी लोगों के बाल भूरे, भूरी लाली लिए तथा सुनहरे होते हैं। बाल नीले, पीले, हरे तथा लाल आदि रंगों के इसलिए नहीं होते हैं, क्योंकि इन रंगों के रंजक मानव शरीर में नहीं होते हैं।

इंद्र की वर्षा का रहस्य

कृत्रिम वर्षा का तात्पर्य उस वर्षा से है, जो बूँद बनने की प्रक्रिया में तेजी लाने से होती है। प्राय: वर्षा हवा में विद्यमान पानी के वाष्प के संघनित होने से होती है। वर्षा होने के लिए यह आवश्यक है कि जल की बूँदें बनें। बूँद बनने के लिए संघनित केंद्रक आवश्यक होता है। ये केंद्रक धूल, समुद्र के लवण या फिर

औद्योगिक रसायनों से भी बने हो सकते हैं। दरअसल, होता यह है कि ये संघनित केंद्रक उस जलवाष्प के केंद्रक बन जाते हैं जो बाद में वर्षा की बूँदें बनती हैं।

जब वर्षावाले बादल घिर आते हैं तथा संघनित केंद्रकों के न होने पर वर्षा नहीं होती है तब ऐसी स्थिति के लिए वैज्ञानिकों ने ऐसे कृत्रिम बादलों को तैयार किया है जिनसे वर्षा संभव हो सकती है। इसके लिए वे सिल्वर आयोडाइड, यूरिया या फिर ड्राई आइस का प्रयोग करते हैं। कोयले की आग में सिल्वर आयोडाइड छिड़कने से बने धुएँ के बादल उड़ाकर भी कृत्रिम वर्षा कराई जाती है।

कैसे भगाती है टिकिया मच्छरों को?

मच्छर भगाने के लिए काम में ली जानेवाली टिकिया या मैट (Mosquito Mat) में पाइरेथ्रम नामक रासायनिक पदार्थ का प्रयोग किया जाता है। जब भी इस मैट को जलाया या गरम किया जाता है तो यह रासायनिक पदार्थ वाष्पित होकर हवा में फैल जाता है तथा मच्छरों को मार देता है।

वस्तुतः प्राकृतिक पाइरेथ्रम एक पौधे से प्राप्त किया जाता है, परंतु बहुत से मैट निर्माता संश्लेषित पाइरेथ्रम का प्रयोग करते हैं, जो मच्छरों को केवल दूर भगाने में ही समर्थ होता है।

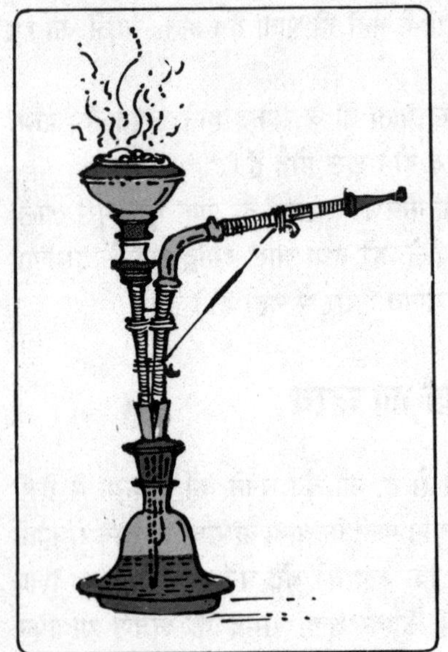

हुक्का पीना निर्दोष

वैज्ञानिक दृष्टिकोण के अनुसार हुक्के में प्रयुक्त होनेवाले तंबाकू का आग के साथ सीधा दहन न होने के कारण धीमा ऑक्सीकरण होता है। इस प्रक्रिया में खींचे जानेवाले धुएँ में कार्बन डाइऑक्साइड तथा कार्बन मोनोक्साइड के साथ निकोटेनिक अम्ल, कैंसर पैदा करनेवाले पॉलीन्यूक्लियर हाइड्रोकार्बन तथा तंबाकू में सुगंध के लिए मिलाए जानेवाले रसायन भी निलंबित अवस्था में होते हैं।

जब तंबाकू का धुआँ फर्शी

(हुक्का) में विद्यमान पानी से होकर गुजरता है तो शीतलन के कारण घुलनशील गैसें पानी में घुल जाती हैं तथा कैंसरजनक कण व अन्य हानिकारक पदार्थ जो पानी में नहीं घुलते, निलंबित अवस्था में पानी में रह जाते हैं, इसलिए जो धुआँ धूम्रपान द्वारा अंदर लिया जाता है, वह सिगरेट व बीड़ी के धुएँ की तुलना में बहुत कम घातक होता है। परंतु भाई! मादक पदार्थों का सेवन न करना ही श्रेष्ठ है।

खाद्य पदार्थों में परिरक्षण कैसे?

खाद्य पदार्थों में मिलाए जा सकनेवाले रसायनों की मोटेतौर पर तीन किस्में हैं—परिरक्षण करनेवाले रसायन, सजावटी रसायन तथा तकनीकी रूप से जरूरी रसायन। परिरक्षण रसायनों को और भी वर्गीकृत किया गया है, जिनके अंतर्गत कीटनाशक, कवकनाशक, परिरक्षी रसायन तथा अनाक्सीकारक रसायन आते हैं।

परिरक्षी रसायनों में सामान्यतया नमक, चीनी, डेक्सट्रोस, मसाले, सिरका, शहद तथा खाद्य तेल का उपयोग किया जाता है। बैंजोइक अम्ल तथा उसके लवणों का उपयोग शरबत, फलों के रस व उनसे बननेवाले पेय पदार्थों; यथा—जैली, जैम, अचार, चटनी तथा सॉस इत्यादि के संरक्षण में किया जाता है।

सलफ्यूरस अम्ल तथा उसके लवणों का उपयोग विभिन्न प्रकार के फलों, सब्जियों तथा चटपटे मसालों के संरक्षण में किया जाता है। इसी प्रकार नाइसिन का उपयोग पनीर के संरक्षण में, सोडियम डाइएसिटेट का उपयोग विभिन्न प्रकार के सिके हुए भोजनों के संरक्षण के लिए किया जाता है।

रबड़ कृत्रिम है

कृत्रिम रबड़ बहुलीकरण की प्रक्रिया से प्राप्त होता है। बहुलीकरण की प्रक्रिया कंजुगेटेड डाइंस में होती है जो आइसोप्रीन के समान होते हैं। प्राय: कृत्रिम रबड़ डाइमिथाइल ब्यूटाडाइन के बहुलीकरण से बनाया जाता है। कृत्रिम रबड़ कई प्रकार का होता है। बूना-एस, बूना-एन, ब्यूटाइल रबड़, पोलीयूरिथेन रबड़, लेक्टोप्रीन तथा थायोकोल्स रबड़। इस प्रकार विभिन्न प्रकार के कृत्रिम रबड़ विकसित हो जाने से रबड़ की उपयोगिता तथा महत्त्व और अधिक बढ़ गया है।

सोडावाटर सोडा नहीं?

कार्बनिक अम्ल का कोई भी विलयन सोडावाटर कहलाता है। इसे कार्बन डाइऑक्साइड गैस को पानी में निम्न दाब पर घोलकर बनाया जाता है। साधारण अथवा मृदु पेयों को सोडावाटर से ही सुवासित तथा स्वादिष्ट बनाया जाता है।

जैसे ही बोतल का ढक्कन खोला जाता है तो दाब के मुक्त होते ही कार्बन डाइऑक्साइड गैस 'फिस्' की आवाज से बाहर निकल जाती है। सोडावाटर के दूसरे रूप (फ्रूट साल्ट) को हलकी-फुलकी पेट की गड़बड़ी में भी दिया जाता है। यह सोडियम बाइकार्बोनेट का तनु विलयन होता है जो पेट के अम्ल से क्रिया करके कार्बन डाइऑक्साइड मुक्त करता है तथा उदर दर्द से मुक्ति दिलाता है।

धूप-छाँव का चश्मा

आजकल धूप-छाँव के फोटोक्रोमेटिक चश्मे बनाए जाते हैं। वस्तुतः इन चश्मों में सिल्वर आयोडाइड या सिल्वर ब्रोमाइड के बारीक कण होते हैं। सूर्य की किरणें पड़ने पर सिल्वर आयोडाइड के कण सिल्वर तथा आयोडीन में अलग-अलग हो जाते हैं। इन्हीं सिल्वर के कणों से शीशे का रंग काला हो जाता है।

छाँव में लौटते ही यानी धूप से हटते ही अथवा सूर्य की किरणों के दूर होते ही सिल्वर के कण पुनः सिल्वर आयोडाइड या सिल्वर ब्रोमाइड बना लेते हैं। इन्हीं पदार्थों के विद्यमान होने से चश्मा दुरंगा होता है।

$$2AgBr \rightleftharpoons 2Ag + Br_2$$

$$2Ag + Br_2 \rightleftharpoons 2AgBr$$

खाना पकानेवाली गैस-द्रव भी है!

आजकल भोजनादि बनाने में गैस का प्रयोग ही प्रायः सभी जगह किया जाता है। खाना पकानेवाली गैस, जिसे लिक्वीफाइड पेट्रोलियम गैस (L.P.G.) कहते हैं, पेट्रोलियम से प्राप्त होनेवाले हाइड्रोकार्बनों का मिश्रण होती है। मुख्य रूप से इसमें प्रोपेन तथा ब्यूटेन गैसें होती हैं। इनके साथ प्रोपेन, ब्यूटेन तथा मीथेन जैसे हाइड्रोकार्बन भी मिले रहते हैं। इसे या तो प्राकृतिक गैस के विशेष यौगिकों द्वारा या फिर पेट्रोलियम के गैसीय यौगिकों से तैयार किया जाता है।

पेट्रोलियम के कुओं से मिलनेवाली प्राकृतिक गैसों के मिश्रण से अवशोषण द्वारा हलके प्रभाजों का मिश्रण प्राप्त होता है। इसमें से हाइड्रोजन सल्फाइड, कार्बन डाइऑक्साइड तथा पानी को निकालने के पश्चात् प्राप्त गैस चूल्हों में उपयोग के लिए प्रयोग की जाती है।

पेट्रोलियम क्रैकिंग (पेट्रोलियम हाइड्रोकार्बनों को गरम करके तोड़कर अलग करना) द्वारा बड़े संयंत्रों में दूसरी विधि से भी एल.पी.जी. तैयार की जाती है। यह अत्यंत प्रज्वलनशील तथा गंधहीन होती है। रिसने पर इसका पता लगाना कठिन होता है, अतः सुरक्षा की दृष्टि से इसमें गंधयुक्त थायोएल्कोहल (मरकैप्टन) मिलाया जाता है, जिसके कारण एल.पी.जी. की परिचित गंध आती है।

सामान्य ताप तथा दाब पर एल.पी.जी. में प्रयुक्त हाइड्रोकार्बन गैसीय अवस्था में होते हैं। घरों में प्रयुक्त किए जानेवाले सिलेंडरों में इस मिश्रण को अत्यधिक दबाव पर भरा जाता है जिसके कारण यह द्रव तथा गैस की साम्यावस्था में रहता है।

लिक्विड क्रिस्टल के करिश्मे

किसी भी मशीन को काम करने के लिए ऊर्जा की आवश्यकता होती है। इलेक्ट्रॉनिक घड़ी को यह ऊर्जा विद्युत् रासायनिक सेल से प्राप्त होती है। द्विआधारी विभाजकों की शृंखला, जोकि क्रिस्टलीय दोलित्र के साथ जुड़ी होती है, लगातार सेकंड के स्पंदों को उत्पन्न करती है। यही स्पंद डिजिटल या अंकीय गणक को चलाता है। जिससे लगातार मिनटों तथा घंटों के स्पंद उत्पन्न होते हैं।

ऐसा ही हमें डिजिटल डिस्प्ले पर दिखाई देता है। पूर्व में प्रकाश उत्सर्जक डायोड का प्रचलन था। परंतु बैटरी की अधिक खपत के कारण आजकल बड़ी-से-बड़ी मशीन, कैलक्यूलेटर, घड़ी एवं अन्य उत्पादों में लिक्विड क्रिस्टल का सफलता से उपयोग हो रहा है। इससे बैटरी की खपत बहुत कम होती है।

लाल व पीले चेहरे

वस्तुतः खुशी, भय अथवा दुःख में चेहरे की रंगत बदलने के पीछे अंतःस्रावी ग्रंथि (एंडोक्राइन ग्रंथि) एड्रीनल का हाथ होता है। भय अथवा दुःख जैसे भावनात्मक क्षणों में केंद्रीय तंत्रिका तंत्र से निर्देश मिलने के कारण एड्रीनल से एड्रीनेलीन नामक हारमोन का रक्त में रिसाव बढ़ जाता है। इस कारण हृदय की धड़कन बढ़

जाती है तथा त्वचा के समीप की रक्तवाहिकाएँ संकुचित हो जाती हैं। इन दोनों के सम्मिलित प्रभाव से रक्तचाप बढ़ जाता है तथा रक्त का बहाव हृदय की ओर अधिक हो जाता है, इस कारण रक्तवाहिकाओं में रक्त का प्रवाह कम हो जाता है तथा चेहरा पीला पड़ जाता है।

दूसरी ओर खुशी में तंत्रिका तंत्र से विपरीत प्रकार के निर्देश मिलते हैं। वाहिका विस्फारक या वेसोडायलेटर तंत्रिकाओं द्वारा एसीटिलकोलीन (Acetylcholine) के रिसाव के कारण रक्तवाहिकाएँ फैल जाती हैं तथा एड्रीनल ग्रंथि से एड्रीनेलीन का रिसाव कम हो जाता है। इस प्रभाव से रक्तवाहिकाओं में और अधिक रक्त प्रवाहित होने लगता है। चेहरे की वाहिकाओं में अधिक रक्त प्रवाह से चेहरा लाल दिखाई देता है।

फूलों में सुगंध का रहस्य

सभी फूलों में सुगंध उनमें पाए जानेवाले कुछ वाष्पशील कार्बनिक पदार्थों के कारण होती है। यह सुगंध न केवल फूलों में वरन् पौधों के अन्य भागों में भी पाई जाती है। कुछ पौधों की पत्तियाँ सुगंधित होती हैं तो कुछ की लकड़ी; यथा—पुदीने की पत्तियाँ सुगंधित होती हैं तथा चंदन की लकड़ी।

ये सुगंधित कार्बनिक पदार्थ पौधे में अनेक जैव रासायनिक क्रियाओं के फलस्वरूप बनते हैं तथा रासायनिक रूप से ये टर्पीन तथा बैंजीन के व्युत्पन्न होते हैं। तैलीय संघटन होते हुए भी ये वास्तविक तेल नहीं होते हैं तथा वायु के संपर्क में आते ही उड़ जाते हैं। अनेकों इत्र भी इन्हीं सुगंधित पौधों से आसवन विधि द्वारा तैयार किए जाते हैं।

हमारी ज्ञानेंद्रियों में गंध से संबंधित ज्ञानेंद्री सबसे तीव्र होती है। गंध के लिए संवेदी रिसेप्टर तालु में, मस्तिष्क

के फ्रंटल खंड के नीचे स्थित होते हैं। यहाँ पर ही घ्राण कोशिकाएँ पाई जाती हैं, जिनमें से प्रत्येक कोशिका में सूक्ष्म सिलिया पाए जाते हैं। जो भी गैसीय पदार्थ नासिका गुहा में जाता है वह सिलिया के चारों ओर की नमी में घुल जाता है। इसके बाद एक रासायनिक प्रतिक्रिया होती है, जो घ्राण कोशिकाओं को उत्तेजित कर देती है। ये संदेश घ्राण तंत्रिका तंतुओं द्वारा मस्तिष्क तक पहुँचाए जाते हैं, जिससे हमें गंध का आभास होता है।

सुहाग के प्रतीक भी कितने घातक

विवाहित महिलाएँ प्राय: माँग में सिंदूर तथा आँखों में सुरमा लगाती हैं। लेकिन यह शृंगार, जिसे वे सुहाग का प्रतीक मानकर अनिवार्य रूप से करती हैं, अत्यंत घातक है।

असली सुरमा तो एंटीमनी सल्फाइड का बना होता है, परंतु आज के मिलावटी युग में महँगे व अनुपलब्ध एंटीमनी सल्फाइड के बदले 'लेड सल्फाइड' (Pbs) का प्रयोग सुरमे में धड़ल्ले से हो रहा है। यह आँख की सफेद झिल्ली के माध्यम से रक्त में पहुँच जाता है तथा अनेक रोगों को जन्म देता है। सीसा हमारे शरीर के लिए बहुत घातक है। यह शरीर में यकृत तथा गुर्दे का कैंसर भी उत्पन्न कर देता है।

सीसा हमारे जीवन की रोजमर्रा के काम आनेवाली हर वस्तु में कम या ज्यादा मात्रा में होता है। दीवारों के पेंट, समाचार पत्र-पत्रिकाओं की स्याही, पानी के पाइपों, स्टील के बरतनों, पेंसिल तथा सौंदर्य प्रसाधन जैसी आवश्यक वस्तुओं में भी सीसा रहता है।

सीसा-प्रदूषण का प्रभाव बच्चों पर विशेष रूप से देखा गया है। छोटे-छोटे बच्चे मिट्टी, धूल, दीवार के पेंट्स आदि चाटते हैं तो यह सीसा अंदर जाकर कई विकार उत्पन्न करता है। बच्चों द्वारा पढ़े जानेवाले कॉमिक्स की स्याही भी सीसे की ही होती है। पृष्ठ बदलने के क्रम में बच्चों के थूक लगे हाथों के द्वारा स्याही उनके पेट में पहुँच जाती है। इस प्रकार अनजाने में सीसा शरीर में चला जाता है। यह रक्त में हीमोग्लोबीन के निर्माण में रुकावट उत्पन्न करता है, जिससे खून की कमी होने लगती है। बच्चों की बुद्धि मंद होने लगती है तथा उनमें उत्तेजना एवं कँपकँपी बढ़ती है। इस विषाक्तता से बचने हेतु हमारा भोजन संतुलित होना चाहिए तथा उसमें विटामिनों व आयोडीन की प्रचुरता भी होनी चाहिए।

रंग-बिरंगे आकर्षक किंतु हानिप्रद खाद्य पदार्थ

हम अकसर देखते हैं कि मिठाइयों, जैल, मीठी गोलियों, टॉफी, आइसकैंडी तथा पेय पदार्थों व मसालों में अच्छे रंग लाने के लिए अवैध रंगों मुख्यत: टारट्राजिन, मेटानिल यैलो तथा लेड क्रोमेट ($PbCrO_4$) इत्यादि का प्रयोग होता है, जोकि हमारे स्वास्थ्य के लिए बहुत ही घातक होते हैं। इनसे कई जानलेवा बीमारियाँ उत्पन्न हो जाती हैं।

हमारे भोजन तथा खाद्य पदार्थों में प्राकृतिक रूप से निकाले गए तथा कृत्रिम रूप से संश्लेषित दोनों ही प्रकार के रंगों का उपयोग होता है। प्राकृतिक रंगों में केसर तथा हलदी बहुत लोकप्रिय हैं। कृत्रिम रंगों में लाल रंग के लिए एंथोसायनिन, पीले के लिए कैरोटिनाइड व हरे के लिए क्लोरोफिल व राइबोफ्लेविन का उपयोग किया जाता है।

इसके अतिरिक्त कोलतार के रंगों; यथा—लाल रंग के लिए पोनक्यू-4, कारमोइसिन फास्ट, रेड ई, एमरेंथ तथा इरिथ्रोसिन, टारट्राजिन, कांगो रेड, सूडान-2 तथा मेटानिल येलो भी उपयोग किए जाते हैं। अकार्बनिक रंगों में टाइटेनियम डाइऑक्साइड का उपयोग चूसनेवाली गोली में किया जाता है। हमारे देश में लखनऊ स्थित औद्योगिक विष विज्ञान अनुसंधान केंद्र द्वारा किए गए एक सर्वेक्षण के अनुसार खाद्य पदार्थों में डाला जानेवाला 70 प्रतिशत पीला रंग मेटानिल येलो जिगर व गुर्दों के लिए घातक सिद्ध हुआ है। अत: उपभोक्ताओं को चाहिए कि वे लुभावने रंगों के प्रभाव में न आएँ।

कपड़ों की धुलाई ओजोन से

अमेरिकी जेलों व होटलों में कपड़ों की धुलाई एक ऐसी मशीन से होने लगी है जिसमें डिटरजेंट के बदले ओजोन का उपयोग होता है।

इस मशीन का निर्माण 'ओजोन टैक' नामक अमेरिकी कंपनी ने किया है। इसमें ऑक्सीजन गैस विद्युत् स्पंद से ओजोन में परिवर्तित हो जाती है। ऑक्सीजन का स्रोत शुद्ध ऑक्सीजन के बदले इसमें केवल हवा होने से ओजोन उत्पादन सस्ता हो जाता है।

इस मशीन की धुलाई में कपड़ा सिकुड़ता भी नहीं, बिजली की खपत कम होती है तथा पानी भी कम लगता है। इस धुलाई में ताप तथा तेज रसायनों का प्रयोग

न होने से कपड़े अधिक चलते हैं। कपड़े धुले हुए पानी में से मैल को छानकर, पानी का पुनः प्रयोग किया जा सकता है।

डिटरजेंटों की निराली शान

डिटरजेंट आजकल कई नामों—सर्फ, डेट, ईजी, एरियल तथा टीपोल के नाम से बिकते हैं। वस्तुतः डिटरजेंट वे रासायनिक पदार्थ होते हैं, जिनके पास गंदगी को हटाने की क्षमता होती है; परंतु वे साबुन नहीं होते हैं। रचना के आधार पर डिटरजेंट दो प्रकार के—सल्फेट तथा सल्फोनेट होते हैं। क्रियाशील भाग के आधार पर डिटरजेंट तीन प्रकार के होते हैं—एन-ऑयनिक डिटरजेंट, केट-ऑयनिक डिटरजेंट तथा नॉन-ऑयनिक डिटरजेंट।

एन-ऑयनिक डिटरजेंट के अंतर्गत सोडियम एल्कॉयल सल्फेट, एमाइड सल्फेट, सोडियम सेकंड्री एल्कॉयल सल्फेट या टीपोल, एमाइड एवं एल्कॉयल सल्फोनेट, सोडियम आइसोप्रोपाइल नेफ्थलीन सल्फोनेट तथा सोडियम एरॉयल एल्कॉयल सल्फोनेट आदि आते हैं। अधिकतर घरों में प्रयुक्त किए जानेवाले डिटरजेंट ये ही हैं; जो ऊनी कपड़ों को धोने, कागज उद्योग, रंग उद्योग, चर्म उद्योग, वाशिंग पाउडर तथा धातु (कृषि उपयोगी औजारों) को साफ करने में प्रयुक्त किए जाते हैं। सोडियम एल्कॉयल सल्फेट का उपयोग शैंपू में किया जाता है।

केटऑयनिक डिटरजेंट कम क्रियाशील होने के कारण कम उपयोगी है।

नॉन-ऑयनिक डिटरजेंट के अंतर्गत एल्कॉयल फीनोल एवं एल्कॉयल ओलामाइड आते हैं, जिनका उपयोग ऊनी व रेशमी कपड़े साफ करने, शैंपू तथा झाग बढ़ानेवाले ठोस डिटरजेंट के रूप में होता है। साबुन की साफ करने की क्षमता बढ़ाने के लिए साबुन में डिटरजेंट मिला दिया जाता है।

कटे प्याज और आँख बहाए आँसू

प्याज को काटने का मौका जब आपको मिला होगा तो आँखों से आँसू अवश्य ही निकले होंगे। ऐसा प्याज के बल्ब तथा शाक में पाए जानेवाले सगंध आसव के कारण होता है। प्याज का तीखा स्वाद व गंध भी इसी आसव के कारण है।

असंतृप्त सल्फर अवयव; यथा—एल्काइल डाइ तथा ट्राइ सल्फाइड तथा कार्बनिक संघटक मुख्यतः प्याज की सुवास के कारण होते हैं। इन सभी अवयवों

के साथ ही प्याज के रस में एक अश्रुजनक अवयव थायोप्रोपेनल-सल्फर ऑक्साइड ($CH_3CH_2CH{=}S{=}O$) का रूप सगंध तेल भी पाया जाता है, जो अश्रुग्रंथि को उत्तेजित करता है।

अत: जब प्याज को काटा जाता है तब यह वाष्पशील पदार्थ हवा में मिलकर हमारी आँखों में आँसू लाता है। यदि प्याज को पानी में रखकर काटा जाए तो आँसू नहीं आएँगे।

कटा सेब बदरंग

सेब ऐसा फल है जो हर व्यक्ति को प्रिय है तथा चिकित्सक भी रोगी को कमजोरी की अवस्था में प्रतिदिन सेब खाने की सलाह देते हैं। जब हम सेब काटते हैं तथा कटे हुए गूदे को कुछ समय तक रखते हैं तो गूदे का रंग सफेद की जगह बादामी हो जाता है।

ऐसा इसलिए होता है कि सेब के गूदे में कुछ विशेष पदार्थ होते हैं, जिनको टेनिन कहा जाता है। इन टेनिनों के नाम—कैफीटेनिन, कैटीचिन तथा एपिकैटीचिन हैं। इसमें फीनोलिक यौगिक के रूप में क्लोरोजेनिक अम्ल भी पाया जाता है। सेब में फीनोलेज, पॉलीफीनोलेज, पॉलीफीनोल ऑक्सीडेज नामक एंजाइम होता है। ये एंजाइम रासायनिक क्रियाओं को तेज करने में सहायक होते हैं।

जब फीनोलेज व क्लोरोजेनिक अम्ल तथा थोड़ी मात्रा में कैटीचिन हवा के संपर्क में आते हैं तो फीनोलेज एंजाइम, क्लोरोजेनिक अम्ल तथा कैटीचिन का ऑक्सीकरण हो जाता है, जिससे सेब का रंग भूरा या बादामी हो जाता है। इसको रोकने के लिए 1-2 प्रतिशत लवण का घोल तथा एस्कार्बिक अम्ल का प्रयोग लाभदायक होता है।

रंगीन साबुन का भी झाग सफेद

साबुन वसा तथा क्षार के जल अपघटन अथवा साबुनीकरण से ही बनाया जाता है। अत: साबुन मोनोकार्बोक्सिलिक अम्लों के लंबी शृंखलावाले क्षारीय धात्त्विक लवण हैं। साबुन के उत्पादन में जंतुवसा; यथा—टैलो अथवा वानस्पतिक तेलों; जैसे—नारियल का तेल, ताड़ का तेल, जैतून का तेल और अरंडी का तेल प्रयोग किया जाता है। क्षार के रूप में सोडियम अथवा पोटैशियम हाइड्रोक्साइड का

उपयोग होता है।

इस प्रकार साबुन के अणुओं के दो भाग होते हैं। एक भाग हाइड्रोकार्बन समूह—जलरागी तथा दूसरा कार्बोक्सीलेट समूह—जलभीरु होता है। साबुन का जलरागी भाग पानी का पृष्ठतनाव कम करता है तथा पानी के गीला करने की शक्ति को बढ़ाता है।

इस प्रकार साबुन का फेन या झाग बनता है। साबुन को रंग देने के लिए साबुन निर्माण के समय वर्णकों (Pigments) और अम्लीय तथा क्षारीय रंजकों का उपयोग किया जाता है। ये रंजक उच्च शक्तिवाले तथा पानी में निलंबित अवस्था में रहते हैं।

साबुन का झाग रंजकों के कारण नहीं, वरन् साबुन के हाइड्रोकार्बन भाग के कारण होता है। इसीलिए साबुन चाहे जिस रंग का हो, झाग हमेशा सफेद ही देता है।

अनोखी बुनकर मकड़ी का जाला भी रासायनिक तंतु

मकड़ी का जाला बहुत सुंदर एवं कलात्मक होता है। यकायक यह विश्वास ही नहीं होता कि कैसे यह जालीनुमा संरचना वह बनाती है तथा यह किस पदार्थ का बना होता है।

मकड़ी अपना जाला बुनने के लिए एक प्रकार का रेशमी धागा अपने शरीर से ही निकालती है जिसे 'स्पाइडर सिल्क' कहते हैं। यह रेशम जैसा धागा प्रोटीन से बना होता है और इसका निर्माण मकड़ी की रेशम ग्रंथियों या सिल्क ग्लेंड्स (Silk Glands) में होता है। मकड़ी के वर्ग में सात प्रकार की रेशम ग्रंथियाँ होती हैं। प्रत्येक प्रकार की ग्रंथि में अलग-अलग प्रकार का रेशम होता है। स्पाइडर रेशम पानी में नहीं घुलता है तथा ज्ञात प्राकृतिक रेशों में यही सर्वाधिक मजबूत रेशा होता है।

कुछ मकड़ियाँ तो ऐसा चिपचिपा रेशा बनाती हैं जो मोतियों की माला जैसा लगता है। कुछ जाति की मकड़ियों में रेशम बुनने के लिए एक विशेष प्रकार का अंग होता है जिसे 'क्राइबेलम' कहते हैं। यह एक अंडाकार चपटी प्लेट होती है जो स्पिनरेटों के ऊपर लगी होती है। इस प्लेट पर सैकड़ों स्पिनिंग ट्यूबें लगी होती हैं, जो चिपचिपे रेशम का अत्यधिक बारीक रेशा बनाती हैं।

मिर्च खाइए आँसू बहाइए

गरम-गरम मिर्ची बड़े अथवा सलाद आदि में जब हरी या लाल तेज मिर्च चबाते हैं तो हमारी आँखों से आँसू निकलने लग जाते हैं। हमारी जीभ पर लगे स्वाद का पता लगानेवाली कलिकाएँ खट्टे, मीठे, नमकीन तथा तीखे स्वाद की अनुभूति कराती हैं।

मिर्च में विद्यमान कैप्सिसिन नामक पदार्थ उसका स्वाद तीखा बनाता है तथा इसकी वजह से म्यूकस मैंब्रेन में तेज जलन होती है। यही जलन हर उस जगह होती है जहाँ मिर्च शरीर के किसी भी संवेदनशील भाग के संपर्क में आती है। इस पदार्थ के जीभ के एक कोने पर लगने के तुरंत बाद तीखा लगने या जलन की अनुभूति इतनी तेज होती है कि उससे आँखों में आँसू तक आ जाते हैं।

□□□